AF199425

Ich möchte Allen danken, die mich auf meinem Jakobsweg nach Santiago de Compostele mit einigen Tiefpunkten und vielen Höhenpunkten unterstützt haben

Günter Pieper

Ich schaffe das!

Ein Pilgerbericht mit Höhen und Tiefen

Impressum

Bibliografische Information der Deutschen Nationalbibliothek:
Die Deutsche Nationalbibliothek verzeichnet diese Publikation in der
Deutschen Nationalbibliografie; detaillierte bibliografische Daten sind im
Internet über http://dnb.dnb.de abrufbar.

Mitwirkende: Christiane Pieper

Herstellung und Verlag: BoD – Books on Demand, Norderstedt

ISBN: 978-3-7494-8510-9

Die Saat

Wann ich die Saat „Jakobsweg" ausgebracht habe, daran kann ich mich nicht mehr erinnern. Diesen Wunsch muss ich schon lange in mir getragen haben. Ich bin ein Bewegungsmensch. Schon immer war ich draußen in der Natur und bin viel gelaufen. Zwischen meinem 23 bis 33 Lebensjahr hatte ich sogar intensiv Langlauf betrieben. Drei bis vier Mal in der Woche wurde trainiert, am Wochenende gab es die Wettkämpfe und im Urlaub war Bergwandern angesagt.

Irgendwann als ich die 50 überschritten hatte musste ich wohl mal etwas vom Jakobsweg gehört haben und ein Gedanke reifte in mir: "Der Jakobsweg wäre ja etwas für dich!"

Diese Saat wurde dann immer wieder gegossen, in dem ich entsprechende Bücher las. In dieser Zeit erschien wohl auch das Buch von Hape Kerkeling „Ich bin dann mal weg", dass ich natürlich mit Genuss gelesen habe. Aber noch mehr hat mich das Buch von Tim Moore „Zwei Esel auf dem Jakobsweg" fasziniert. Hier wird einfühlsam beschrieben, wie man mit nicht vorhersehbaren Problemen fertig wird und wie sich ein Mensch in Laufe seines Pilgerns ändert, wie sich seine bisherigen Prioritäten ändern. Ich verschlang weitere Bücher, sowie zum Thema passende Filme und wenn in der näheren Umgebung ein Vortrag über den Jakobsweg gehalten wurde, war ich natürlich einer der Zuhörer.

Die Erscheinung

Folgendes vorweg: In meinen zwanziger Jahren hatte ich zwei Mal Sri Lanka besucht, und zwar als Backpacker. Lediglich mit einer größeren Umhängetasche bepackt, in der meine Spiegelreflexkamera sowie die mitgeführten Dia Filme den meisten Platz einnahmen, erkundete ich das Land. Das war damals eine tolle Zeit. Am meisten hatten mich die Einheimischen beeindruckt; immer ein Lächeln auf den Lippen; immer hilfsbereit, obwohl sie zu den Armen dieser Welt gehören. Des Weiteren lernte ich den Buddhismus und seine Lebensphilosophie kennen.

Das nächste was zu den Auslösern der Erscheinung gehört, ist ein Zeitungsbericht vom April 2008. In diesem wurde berichtet, dass der Jakobsweg durch Westfalen von Osnabrück nach Wuppertal-Beyenburg am 07.April 2008 eröffnet wurde und somit ausgeschildert sei.

Einige Tage nach dem Lesen dieses Zeitungsberichtes, bin ich an einem Nachmittag zu meinen Trainigslauf gestartet. Es war gutes Langlaufwetter, nicht zu warm, nicht zu kalt, so dass ich beschloss heute mal wieder einen längeren Lauf zu machen. Die Strecke führte durch den Dortmunder Süden nach Herdecke und längs der Ruhr zurück nach Schwerte. Als ich dann nach circa 18 Kilometern zur DLRG-Station am Hengsteysee kam, sah ich zum ersten Mal in meinem Leben die „Gelbe Muschel auf blauen Grund", das Pilgerzeichen des Jakobsweges. Der Jakobsweg kam von Hohensyburg herunter und führte dann längs der Ruhr nach Herdecke. Ich überlegte mir: „Günter, jetzt könntest du zum erstem Mal ein Teilstück des Jakobsweges laufen!" Dies bedeutete zwar eine Verlängerung der geplanten Laufstrecke und zusätzliche ca. 120 Höhenmeter, aber ich hatte ein gutes Gefühl. „Das schaffst du schon". Gesagt und getan.

Nun muss man wissen, dass der Wanderweg in Serpentinen zur Hohensyburg hinauf führt. Mal geht es 30 Meter geradeaus, dann folgt eine scharfe Kurve von 350 Grad und wieder folgt ein gerades Stück bis zur nächsten scharfen Kurve.

Ich hatte meine ersten ca. 500 Meter des Jakobswegs hinter mir und bog gerade wieder mit leichtem Tempo um eine Kurve, da sah ich ihn.

In einem safrangelben, langen Mönchsgewand, eine große Umhängetasche tragend, mit Pilgerstock und obligatorischen Flip-Flops an den Füßen, kam ein buddhistischer Pilgermönch auf mich zu und schenkte mir ein breites Lächeln.

Ich lief an ihm vorbei und konnte zuerst gar nicht realisieren, was ich gesehen hatte. Erst an der nächsten Kurve blieb ich stehen und sah zurück.

Kein Mönch war mehr zu sehen. Ich war total verwirrt. War das jetzt eine Erscheinung? Hatte ich den Mönch wirklich gesehen? War ich durch meinen doch etwas langen Lauf bereits in einem solch euphorischen Zustand, dass ich schon Halluzinationen hatte? Ich weiß es bis heute nicht. Eines jedoch wurde mir in diesem Moment bewusst: „Du wirst den Jakobsweg machen, du musst nach Santiago de Compostela gehen, egal was auch passiert!"

Ich beschloss, meinen Jakobsweg von zu Hause aus zu starten - natürlich nicht in einem Rutsch. Das mochte ich meiner Familie nicht antun, denn in Anbetracht meines Alters würde ich für die ca. 2500 km bis Santiago de Compostela mehrere Monate brauchen. Deshalb nahm ich mir vor, die Gesamtstrecke zu dritteln. Die erste Etappe sollte mich von zu Hause bis nach Vézelay führen (888 km). Dann wollte ich nach Hause zurückkehren, um im nächsten Jahr nach Vézelay zurückzukehren und den Mittelteil durch Frankreich bis Saint-Jean-Pied-de-Port in Angriff zu nehmen. Im dritten Jahr sollte mich dann der Camino Francés zum Ziel führen. Anders als bei den Pilgern im Mittelalter sollte mich am Endpunkt ein Flieger wieder nach Hause bringen. So war mein ehrgeiziger Plan.

Nachdem ich Anfang des Jahre 2013 in die passive Altersteilzeit gegangen war, wollte ich endlich meinen Traum verwirklichen und begann mit den Vorbereitungen. Entsprechend den veröffentlichen Packlisten wurden Schuhe, Rucksack, usw. eingekauft. Den Rucksack packte ich mit dem empfohlenen Gewicht von 7 kg und startete euphorisch die ersten Wanderungen, die ich mit der Zeit immer weiter ausdehnte. Teilweise maßen die Strecken 35 km und ich hatte immer ein gutes Gefühl dabei. Der Rucksack störte überhaupt nicht und die Füße blieben blasenfrei.

Dann kam der erste Dämpfer!!!!

Im Februar 2014 hatte ich einen Bandscheibenvorfall. Nach nur 100 Meter laufen hatte ich solche Nervenschmerzen in den Beinen, dass an ein Weitergehen nicht mehr zu denken war. Mit Krankengymnastik, Akupunktur und Bestrahlungen kämpfte ich gegen die Schmerzen an.

Mein Lauftraining musste ich natürlich auch in der Folgezeit aufgeben, denn das ist ja eigentlich ein fortlaufendes Springen, was die Bandscheiben besonders stark beansprucht. Dafür bin ich mehr Fahrrad gefahren und habe mit dem schnellen Wandern angefangen. Beim Wandern bleibt ja immer ein Fuß auf dem Boden und somit werden die Bandscheiben weniger belastet.

Als ich merkte, dass es wieder aufwärts geht, machte ich eine Testwanderung mit einem 10 kg Rucksack, der mir keinerlei Probleme bescherte, so dass ich endlich den Startzeitpunkt meines Pilgerweges festlegen konnte. Im Frühsommer würde ich mit der ersten Etappe starten.

Teil Eins meines Pilgerweges

Pilgersäule in Herdecke

Jetzt geht es endlich los!

Am Sonntag, den 1.Juni 2014 bin ich morgens um 8:00 Uhr von zu Hause nach Syburg gestartet, denn ich wollte gerne an der Messe in St. Peter teilnehmen und im Anschluss meinen ersten Pilgerstempel erhalten. Danach bin ich zunächst wieder nach Hause zurückgekehrt.

Freitag, den 06. Juni 2014 von zu Hause nach Gevelsberg

28,0 km

Heute Morgen mache ich um 7:30 Uhr meine ersten Schritte auf dem Jakobsweg. Ich bin nicht allein, denn während der ersten Kilometer begleitet mich meine Frau, auf dass der Abschied von mir langsam vonstattengehe.

Zuerst geht es bergauf Richtung Hohensyburg, dann wieder runter zum Hengsteysee und längs diesem nach Herdecke. Dieser Weg ist uns beiden wohlbekannt. Ich bin den schon oft gelaufen und wir beide sind diesen Weg auch häufig mit dem Fahrrad gefahren, so dass genügend Zeit bleibt, sich voneinander zu verabschieden. In einem Herdecker Café haben wir unser vorläufig letztes gemeinsames Frühstück genossen.

Jetzt ist es endlich so weit, eine letzte Umarmung und ich gehe strammen Schrittes über die Ruhrbrücke Richtung Hagen. Ich drehe mich nicht mehr um. Jetzt bin ich allein auf meinem Jakobsweg und mit meinen Gedanken.

Einen Vorgeschmack auf das, was mich noch so alles erwartet, bekomme ich gleich auf den ersten Kilometern. Es geht sofort bergauf zum Kaisberg, dann wieder hinab nach Vorhalle und nachdem der Vorort von Hagen durchschritten ist, wieder hinauf zum Tücking. Es ist ein heißer Tag, die Sonne brennt von einem wolkenlosen Himmel und die ersten Schweißtropfen bilden sich auf meiner Stirn. Um die Mittagszeit komme ich in Haspe an und begehe den ersten Fehler auf meinem Jakobsweg.

Ich komme an einem Café vorbei und obwohl ich keinen großen Hunger habe, kehre ich ein und bestelle mir einen Schokoladenstriezel und eine kalte Limonade. Hätte ich es doch gelassen!

Nach dieser Mahlzeit geht es zunächst frohen Mutes weiter. Doch schon nach einer knappen Stunde fängt es in meinem Magen fürchterlich an zu rumoren. Mir ist schlecht. Obendrein brennt die Sonne auch weiterhin auf mich herab, so dass ich beschließe, den Wanderweg zu verlassen und den kürzesten Weg nach Gevelsberg, also längs der B7 zu gehen. Bereits nach kurzer Strecke muss ich eine Pause einlegen. An einer Bushaltestelle lasse ich mich auf den Sitz fallen, um einen Moment zu verschnaufen. Ein verführerischer Gedanke keimt in mir: „Ich könnte ja jetzt mit dem Bus nach Gevelsberg fahren!" „Nein, Nein, Nein! Du willst zu Fuß nach Santiago de Compostela gehen und nicht schon am ersten Tag ein Weichei sein!" Also schnüre meinen Rucksack, stehe wieder auf und weiter geht's. Ich schaffe es gerademal bis zur nächsten oder übernächsten Bushaltestelle. Erschöpft sacke ich wieder auf die Bank, da fährt auch schon der Bus die Haltestelle an und öffnet einladend vor mir die Tür. Nach kurzem Zögern, und schon sitze ich drinnen.

In Gevelsberg finde ich nach kurzer Sucherei meine erste Unterkunft, das Hotel Alte Redaktion. Dieses Hotel gewährt Pilgern einen Rabatt auf den Zimmerpreis. Sogar ein Pilgerstempel und ein Pilgerbuch sind vorhanden. Ich studiere es beim Abendessen und verewige mich mit meinem ersten Pilgerspruch darin.

Nach dem ersten Bier und dem guten Essen geht es mir schon wieder viel besser.

Mit etwas gemischten Gefühlen gehe ich an diesem ersten Abend meiner Pilgertour zu Bett. Diese Niederlage gleich zu Beginn wurmt mich schon sehr. Was für ein Tag.

Samstag, den 07. Juni 2014 von Gevelsberg nach Remscheid-Lennep
24,5 km

Nach einem reichhaltigen Frühstück starte ich um 8:30 Uhr zu meiner zweiten Etappe. Meine ersten morgendlichen Gedanken kreisen natürlich um die Frage: „Wie schaffe ich die heutige Etappe? Werde ich diese wieder abbrechen?" Denn es geht sofort steil bergauf Richtung Schwelm. An einer Kreuzung verliere ich die Orientierung. Kein Zeichen ist zu sehen. Na gut, dann also weiter geradeaus. Nach ca. 200 m höre ich hinter mir lautes Gehupe. Ein Autofahrer, der offenbar die Jakobsmuschel auf meinem Rucksack gesehen hat, schickt mich zurück zur Kreuzung um dort nach rechts zu gehen. Und siehe da, schon entdecke ich wieder das Pilgerwanderzeichen. Ich bin also wieder auf dem richtigen Weg. Die Jakobsmuschel am Rucksack ist wahrhaftig ein unverzichtbares Hilfsmittel auf meinem Pilgerweg. Also immer schön sichtbar tragen.

Apropos, meine Pilgermuschel ist kein billiges Plastikzeug, sondern die Schale einer echten Jakobsmuschel, die ich mal von einem Urlaub in der Bretagne mitgebracht habe.

Kurz vor Schwelm erreiche ich Haus Martfeld, ein früheres Rittergut, in dem seit 1962 das Heimatmuseum Schwelm seine Ausstellungsstücke zeigt. Der älteste Teil von Haus Martfeld ist der Rundturm, den man auf Mitte des 15. Jahrhunderts datiert. Schwelm bezeichnet man auch als Grenzstadt zwischen Westfalen und dem Rheinland. Nach einem stetigen bergauf und bergab erreiche ich um 14:00 Uhr Wuppertal-Beyenburg.

Seit dem 14. Jahrhundert war die Beyenburger Brücke über die Wupper ein wichtiger Zollpunkt und Bestandteil des Heerwegs von Köln nach Dortmund. Auch Jakobspilger nutzten die Heerstraße auf ihrer Reise nach Santiago de Compostela und freuten sich, dass man in Beyenburg im Kloster Steinhaus Rast machen konnte. Auch ich versuche hier eine Rast einzulegen, aber keine Menschenseele ist zu sehen und jede Tür an der ich rüttle, ist verschlossen.

Das Kloster Steinhaus wurde 1298 als Kreuzherrenkloster gegründet, das im Zuge der Säkularisation 1804 aufgegeben wurde. Ein großer Teil der Klostergebäude wurde danach abgerissen. Seit 1964 haben die Kreuzherren das Kloster Steinhaus wieder bezogen. Kloster Steinhaus ist heute das einzige Kreuzherrenkloster in Deutschland.

An einem Bootshaus am Beyenburger Stausee lege ich eine Pause ein und stärke mich erstmal, denn danach geht es noch mal steil bergauf. Der Jakobsweg steuert jetzt über Oberdahl, Spieckern, Frielinghausen und Schreverheide den Remscheider Stadtteil Lennep an, mein heutiges Tagesziel. Hier im Ortszentrum suche ich zunächst einen

Drogeriemarkt auf, um noch eine Tube Sonnencreme zu kaufen. Auch in meinem heutigen Hotel, dem Berliner Hof, erhalte ich auf meine Übernachtungskosten einen Pilgerrabatt.

Sonntag, den 08.Juni 2014 von Lennep nach Altenberg

25,5 km

Heute bin ich etwas später gestartet. Nachdem ich die Ortslage von Lennep durchwandert habe, geht es weiter Richtung Süden bis zur Eschbachtalsperre. Die Eschbachtalsperre ist die älteste Trinkwassertalsperre in Deutschland und zugleich das Erstlingswerk von Talsperren-Professor Otto Intze. Um 11:30 Uhr erreiche ich Wermelskirchen. Für die Durchquerung dieses etwas eintönige Stückchen des Weges brauche ich fast eine ganze Stunde, aber es soll ja besser werden.

Um die Mittagszeit lege ich eine kleine Pause in einem Biergarten ein. Ich bin der einzige Gast und als die Wirtin meinen Rucksack mit der Muschel sieht, outet sie sich ebenfalls als Pilgerin. Jetzt dauert meine Rast natürlich etwas länger. Es entwickelt sich ein intensiver Informationsaustausch mit: Wann (vor zwei Jahren), wie lang (von Leon nach Santiago de Compostela), wie lange ... und so weiter und so fort. Ich beschwere mich darüber, dass ich heute erst eine ziemlich langweilige Strecke hinter mich gebracht habe, doch sie muntert mich auf: „Ab hier erwartet Sie ein toller Wanderweg!" Sie soll Recht behalten, denn jetzt folgt der Jakobsweg dem Eifgenbach. Ich werde mit einem freundlichen „Buen Camino" verabschiedet.

Das Eifgenbachtal und viele kleine Seitentäler sind seit 2004 auf einer Fläche von 351 ha als Naturschutzgebiet Eifgenbachtal ausgewiesen. Das Tal ist quasi in seiner gesamten Länge unbebaut und der Eifgenbach windet sich malerisch und naturbelassen durch die binsenreichen Feuchtwiesen. Schmetterlinge und Libellen, Mönchsgrasmücke und Zaunkönig, Wasseramsel und ab und zu ein Eisvogel können bei der Wanderung durchaus den Weg kreuzen.

Bergermühle, Neuemühle und Rausmühle sind kleine Gehöfte entlang des Bachtales, die teilweise auch gastronomisch bewirtschaftet werden. Ab und an ein kleines Quersträßchen – ansonsten gibt's hier auf knapp 20km nur Natur.

Es ist Sonntagnachmittag und auf dem Wanderweg herrscht reichlich Betrieb. Viele Spaziergänger sind unterwegs und ich werde zwei Mal als Pilger erkannt. Auch hier ruft man mir ein „Buen Camino" hinterher.

Um 17:00 Uhr erreiche ich mein heutiges Tagesziel, den Altenberger Dom. Mein Hotel liegt direkt neben dem Bauwerk. Es ist wohl etwas nobel und teuer (aber es gibt auch hier einen Pilgerrabatt auf den Übernachtungspreis), doch ich will mir in Ruhe den Dom anschauen, und ich kann sagen, ich werde nicht enttäuscht.

Der Altenberger Dom, die wohl bekanntesten Kirche im Bergischen Land, entstand als Klosterkirche im 13. Jahrhundert. Über viele Jahrhunderte war der Altenberger Dom die Grablege der Grafen und Herzöge von Berg. Das 1397 gefertigte Westfenster gilt mit einer Fläche von 162qm als größtes gotisches Kirchenfenster nördlich der Alpen.

Jetzt bin ich drei Tage unterwegs und ich fühle mich pudelwohl. Die Sonne begleitet mich noch immer, und um die Mittagszeit ist es fast zu heiß zum Wandern, doch das Wichtigste ist: „Der Rücken hält!" Ich habe keine Rückenschmerzen und der Rucksack ist eigentlich keine Last.

Im Biergarten meiner heutigen Unterkunft, dem Hotel Altenberg, esse ich seit langem mal wieder Dicke Bohnen, die ich mit einigen Kölsch herunter spüle. Lecker!

Montag, den 09.Juni 2014 von Altenberg nach Köln

22,0 km

Nach einem leckeren Frühstück (Müsli mit frischem Obst) starte ich um 8:00 Uhr Richtung Köln. Es soll heute richtig heiß werden, was am Abend die entsprechenden Auswirkungen haben soll – mit Gewittern ist also zu rechnen.

Ich folge dem westfälischen Jakobsweg durch das Dhünntal flussabwärts und erreiche nach einiger Zeit Odenthal. Bei einer Pause sehe ich auf einmal zwei Wanderer mit großen Rucksäcken auf mich zu kommen. Ich spreche die beiden an und frage, ob sie auch auf dem Jakobsweg seien. Die kurze Antwort: "Na klar!" und schon marschieren sie weiter. Die haben es offenbar eilig!

Ich schnalle den Rucksack dann auch wieder auf und weiter geht's. Die beiden Pilger hole ich schnell ein, und jetzt erfahre ich auch etwas mehr. Ihr Tagesziel ist natürlich auch Köln. Ihren Jakobsweg hätten sie in der Nähe von Osnabrück gestartet und ihr diesjähriges Ziel solle Trier sein. Sie haben leider nicht meinen Schritt und so verabschieden wir uns mit einem beidseitigen „Buen Camino."

In der katholische Pfarrkirche Herz Jesu in Schildgen hole ich mir einen Stempel ab. Bald darauf erreiche ich den Dhünnwalder Wald und das kleine Naturschutzgebiet Hoppersheider Bruch. Der Dhünnwalder Wald ist einer der letzten erhaltenen Teile der Bergischen Heideterrassen und gehört zu großen Teilen bereits zum Stadtgebiet von Köln. Durch ein dichtes Blätterdach geschützt vor der Sonne, genieße ich meine morgendliche Wanderung.

Um 12:00 Uhr erreiche ich Dünnwald, wo nun eine gewisse Quälerei beginnt. Kilometerlang folge ich einer Straße, die schnurstracks geradeaus führt. Ein schattiges Blätterdach, das vor der erbarmungslos brennenden Sonne schützt, ist hier natürlich Fehlanzeige. Dafür rauschen neben mir zahllose Autos vorbei. Aber sowas gehört auch zum Camino.

Als ich dann Mülheim, eines der bevölkerungsreichsten Stadtteile von Köln erreiche, sehe ich auf einmal an jeder Straßenecke ein Polizeiauto und auf einem Platz sogar einen Großraumtransporter für die Hundertschaften der Polizei stehen.

„Was ist denn hier los?", sind meine ersten Gedanken: „All dies für mich? Als Empfang für einen einsamen Pilger?" Ich erkundige mich und schnell ist klar, das gilt nicht mir, sondern dem Bundespräsidenten, denn heute ist die 10-jährige Gedenkfeier für das Bombenattentat in der Keupstraße.

Der Weg führt mich zum Rhein und im Hintergrund sehe ich schon mein heutiges Tagesziel, den Kölner Dom. Während ich einen Fuß vor den anderen setzte, verschwindet die Sonne und es wird immer dunkler. Über den beiden Türmen des Kölner Domes bilden sich schwarze Gewitterwolken und ich höre auch schon in der Ferne leises Gewittergrollen. Ich lege einen Zahn zu. Auf dem Weg flussabwärts durch den Jugendpark und dann durch den Rheinpark, bis zur

Hollenzollernbrücke bleibt es auch noch trocken. Die ersten Tropfen fallen, als ich den Rhein überquere. Beim Erreichen der Domplatte hört es aber auch schon wieder auf.

Erstmal hole ich mir den Stempel vom Kölner Dom ab. Dann beginnt die Suche nach einer Übernachtungsmöglichkeit. Sie soll natürlich in der Nähe des Domes liegen, aber als ich den Preis des nahegelegenen Hostels erfrage, ist es mir doch zu teuer. Ein weiteres Hostel, das A&O Hostel am Neumarkt, entspricht meinen Preisvorstellungen schon eher und den 30-minütigen Fußweg schaffe ich auch noch.

Hier checke ich ein und erledige meine schon zur Routine gewordenen Tätigkeiten. Zuerst Waschen, dann Duschen und dann zu Hause anrufen: WDA.

Nachdem dieses erledigt ist, kann ich endlich an mein leibliches Wohl denken. Vorher besuche ich allerdings noch die Elendskirche in der Altstadt, um dort eine Abbildung des hl. St. Jakobs anzusehen. Leider kann ich das Relief nicht finden. Also geht's weiter zum Heumarkt, wo ich mein Abendessen und einige Kölsch genieße. Immer wieder schaue ich zu den vorbeilaufenden Passanten, ob ein anderer Pilger darunter sei, aber leider kann ich keinen entdecken. So langsam aber sicher werde ich müde und beschließe, zu meiner Unterkunft zurück zu gehen.

Was für ein Glück. Obwohl es erst 20.00 Uhr ist, wird es immer finsterer. Blitze zucken am Himmel und das Donnerkrachen folgt immer rascher und lauter. Ich habe gerade das Hostel betreten, da bricht über Köln die Hölle los. Erbsendicke Regentropfen schlagen auf die Bürgersteigplatten und die ohrenbetäubenden Donnerschläge gehen fast zeitgleich mit den Blitzen einher.

Im Nachhinein habe ich erfahren, dass eine schwere Gewitterfront mit Orkanböen und extremem Starkregen mit zehntausend Blitzen über NRW hinweg gefegt war. Es handelte sich um eins der schwersten Unwetter der vergangen Jahrzehnte, bei dem mindestens 6 Tote und viele Verletzte zu beklagen waren.

Zum Glück war ich so geschafft, dass ich gut und fest geschlafen habe und von all dem nix mitbekam.

Dienstag, 10.Juni 2014 von Köln nach Brühl-Walberberg
                                                                21,5 km

Ein weiterer heißer Tag ist für heute angesagt.

Auf den ersten 4 bis 5 Kilometern heißt es zuerst mal wieder Bürgersteigplatten zählen. Der Weg führt mich längs einer vielbefahrenen Ausfallstraße von Köln. Manchmal muss ich kurze Schwenker einlegen, um den Sturmschäden (umgeknickte Bäume, abgebrochen Äste, umgekippte Motorräder usw.) auszuweichen. In Klettenberg stoße ich auf den Römerkanal-Wanderweg, der mich jetzt nach Brühl führen soll. Vorher bin ich in Brühl-Kierberg am Kaiserbahnhof vorbeigekommen, wo mich ein ungewöhnlich prachtvoller Bahnhof in preußischer Ziegelsteinbauweise mit Loggia, Aussichtsturm und großzügigen Park erwartet. Grund für die aufwändige Gestaltung des Bahnhofes ist die Tatsache, dass hier der Kaiser empfangen wurde, bevor er über die Kaiserstraße zum Schloss Augustusburg fuhr, so geschehen 1880. Dieses Schloss will ich heute auch noch besuchen.

Um die Mittagszeit erreiche ich das Brühler Zentrum, wo ich eine kurze Pause mit einem kleinen Imbiss einlege.

Dann geht's weiter zum Schloss Augustusburg, um dieses prächtige Barockschloss zu bewundern. Hier bummele ich im dazugehörigen Schlosspark herum und treffe auf einer Parkbank mit Blick auf das Schloss eine Entscheidung: "Meinen diesjährigen Jakobsweg möchte ich in Trier erstmal enden lassen!" Ich habe mir ausgerechnet, dass ich mit meinem Wandertempo bis nach Trier noch zehn Tage benötigen werde. Das soll für dieses Jahr reichen, ich habe Sehnsucht nach zu Hause.

Weiter geht es nach Walberberg, wo ich für heute ein Zimmer reserviert habe. Bevor es zur Unterkunft geht, besuche ich noch die heilige St. Walburga. Die heutige Walburga-Kirche geht auf einem Bau aus dem 11. Jahrhundert zurück. Im Chor hängt ein Ölgemälde, das den heiligen Jodokus vor der Kulisse von Walberberg zeigt.

In meiner heutigen Unterkunft, dem Gästehaus Ruth, soll ich keine gute Nacht verbringen. Trotz einiger Kölsch, die ich mir zum Abendessen genehmigt habe, ist an einen guten Schlaf nicht zu denken. Mein Zimmer liegt direkt unter dem Dach, und die Hitze des Tages will einfach nicht weichen.

Vor der Nachtruhe ist natürlich wieder ein Anruf nach Zu Hause fällig, bei dem ich meine Frau darüber informiere, dass ich den Jakobsweg in Trier beenden möchte. Wenn sie Lust hätte, könnte sie mich ja dort abholen und wir machen noch einige Tage Fahrradurlaub an der Mosel. Sie hat Lust!

Mittwoch, 11.Juni 2014 von Brühl-Walberberg nach Euskirchen
24,0 km

Bei bedecktem Himmel breche ich um 8:00 Uhr auf. Vorbei an den Resten der römischen Wasserleitung geht es zuerst etwas bergauf. Über breite Forstwege führt mich der Weg durch einen dichten Laubwald mit lautem Vogelgezwitscher und nach ca. zwei Stunden habe ich das Swister Türmchen in Weilerswist erreicht. Hier entdecke ich eine riesige Jakobsmuschel. Ich bin also auf dem richtigen Weg.

Das Swister Türmchen ist ein weiteres regionales Wallfahrtsziel. Die Verehrung der „Drei Jungfrauen" geht auf keltische Matronengottheiten in der Eifel zurück, die christlich umgedeutet wurden.

Von hier aus geht es erstmal bergab ins Tal nach Weilerswist und hier in Groß Vernich suche ich die Kirche „Heilig Kreuz" auf. Leider ist die Kirche geschlossen und somit kann ich keinen Pilgerstempel ergattern. Also geht es weiter ins 13 km entfernte Euskirchen. Der Weg, ist gesäumt von Wildkirschen und folgt parallel der Erft. Da die Sonne wieder herrlich scheint und ich merke, dass ich sehr flott unterwegs bin, lege ich an diesem idyllischen Fleckchen Erde eine längere Pause ein. Euskirchen, mein heutiges Tagesziel, ist schließlich nicht mehr weit. Ich erreiche es um 15:00 Uhr und suche meine Unterkunft, das Hotel Regent auf.

Nach den schon zur Gewohnheit gewordenen Tätigkeiten: Waschen, Duschen, Anrufen und Umziehen, starte ich den Versuch, für mein morgiges Etappenziel Bad Münstereifel ein Zimmer zu reservieren. Bei meinem ersten Anruf erhalte ich eine Absage. Sie vermieten kein Zimmer mehr. Hier ist wohl der Pilgerführer nicht mehr auf den neusten Stand. Also muss ich morgen doch zur Jugendherberge gehen, die stand bei mir eigentlich nicht an erster Stelle, weil sie nach der Beschreibung oberhalb von Bad Münstereifel auf einem Berg liegt und der Anstieg dorthin soll sehr steil sein. Auf einem Anrufbeantworter bitte ich um eine Reservierung und mache mich anschließend auf den Weg zum Marktplatz Walberberg, um hier zu spachteln, den Flüssigkeitshaushalt und die verbrauchten Kräfte wieder aufzufüllen.

Donnerstag, 12.Juni 2014 von Euskirchen nach Bad Münstereifel
21,0 km

Nach dem Start um 8:00 Uhr heißt es erstmal wieder Bürgersteigplatten zählen. Nachdem ich ein Gewerbegebiet verlassen habe, geht es durch einen dichten Laubwald bergauf zur Hardtburg. Dabei kann ich zum Glück der jetzt schon brennenden Sonne entfliehen.

Die in einer Quellmulde des Hardtwaldes gelegene Burg bietet den seltenen Blick einer Wasserburg auf der Höhe.

In dem Ort Kirspenich werde ich auf einmal von einem Einwohner angesprochen, der sich als Pilger outet. Er möchte nach Kloster Vézelay pilgern, wobei er den kompletten Weg in mehrere Jahresabschnitte geteilt hat. Vielleicht schafft er es im nächsten Jahr sein Pilgerziel zu erreichen. Mit einem herzlichen „Buen Camino" und dem Hinweis, an einer bestimmten Kreuzung fehle das Pilgerzeichen:

„Hier nicht geradeaus, sondern rechts abbiegen in den Teerweg!", verabschiedet er mich.

Unterwegs hole ich die zwei Pilger ein, die ich schon in Altenberg kennengelernt hatte. Bei dem üblichen Informationsaustausch stellen wir dann fest, dass wir das gleiche Tagesziel, die Jugendherberge in Bad Münstereifel haben. Wir sind dann ein längeres Stückchen des Weges gemeinsam gegangen. Als es wieder etwas bergauf geht, bemerke ich, dass ich doch einen schnelleren Schritt habe, daher verabschieden wir uns mit den Worten: „Wir sehen uns!"

Ich bin schon kurz nach ein Uhr in Bad Münstereifel angekommen und ich muss sagen, dieses kleine romanische Städtchen hat mir sofort gefallen. Die Erft ist hier von einer alten Bruchsteinmauer eingefasst, an der überall mit allerlei Blütenpracht gefüllte Blumenkästen hängen.

Seit 844 nach Christus ist Münstereifel ein Wallfahrtsort. Die Pilger kamen zu Fuß, zu Pferd oder mit dem Ochsenkarren und mussten nicht nur seelsorgerisch betreut werden. Daher siedelten sich bald vor dem Klostertor Handwerker, Krämer und Gastwirte an. Es entstand eine kleines Städtchen.

Nachdem ich mich in einem Café mit Blick auf die malerischen Fachwerkhäuser mit zwei Stücken Erdbeerkuchen gestärkt habe, breche ich zur Jugendherberge auf. Der Weg dorthin soll ausgeschildert sein. Zuerst die Treppen hinauf durch das Burgtor und weiter bergauf. Als ich fast oben bin und vor einer Wegegablung stehe, kann ich keine Ausschilderung mehr entdecken. Wo soll ich denn jetzt weiter gehen? „Habe ich eine Abzweigung auf dem Weg nach oben verpasst?", frage ich mich und will bereits umkehren. Das Geräusch einer Motorsäge hält mich jedoch zurück. Wo gesägt wird, ist auch jemand, der mir vielleicht Auskunft geben kann, schießt es mir durch den Kopf, und so folge ich dem Lärm bis zu einem Haus, vor dem ein Mann Kaminholz macht. Tatsächlich kann er mir den Weg zur Jugendherberge erklären. Ich muss zum Glück nicht den ganzen Berg wieder hinab gehen, wie ich zuerst befürchtet hatte. Den übersehenen Wegweiser finde ich dann am nächsten Morgen, als ich ins Tal zurückkehre.

Bei der Anmeldung in der Jugendherberge erfahre ich dann, dass meine beiden Mitpilger schon da seien. Ich erhalte alleine ein Bett in einer 5-Mannstube. Nachdem ich es bezogen habe, leiste ich das gewohnte Ritual ab, bevor es dann zur Hausbesichtigung geht. Ich entdecke eine Gruppe von 10 -14 jährigen Kindern, die hier zurzeit ebenfalls Quartier bezogen haben. Was mich jedoch viel mehr interessiert, ist eine Örtlichkeit, wo ich meinen Bierdurst löschen könnte. Ich kann weder diese noch den Herbergsvater finden, und so mache ich erstmal einen kleinen Spaziergang. Von Weiten entdecke ich dabei das Radioteleskop von Effelsberg.

Langsam aber sicher meldet sich der Hunger und so mache ich mich wieder auf den Rückweg zur Jugendherberge. Dabei treffe ich dann auf Heinrich und Fritz, die sich ebenfalls noch etwas umgeschaut hatten. Zum Abendessen gibt es Gulasch mit Nudel und einen Salat, wobei die Gulaschstückchen offenbar einzeln abgezählt wurden. Es hat aber geschmeckt und ich bin satt geworden.

Beim Essen kann dann eine äußerst wichtige Frage geklärt werden. „Wo kann man denn das Eröffnungsspiel der Fußballweltmeisterschaft schauen und auch entsprechend begießen?"

Der Herbergsvater kann uns beruhigen. In dieser Hinsicht bräuchten wir uns keine Sorgen machen, denn im UHU-Zimmer stehe ein Fernseher mit einem Kühlschrank voller Bier. „Jeder vermerkt auf einer Strichliste wieviel Bier er getrunken hat und morgen früh bei der Abreise kann er dann seinen Bierkonsum bezahlen." Um das Zimmer kindersicher zu machen, gäbe es einen runden Türgriff. So sitzen wir dann ab 22:00 Uhr mit dem Lehrer der Kindergruppe zusammen und sehen uns das Eröffnungsspiel Brasilien gegen Kroatien an. Es ist eine fröhliche Runde.

Freitag, 13. Juni 2014 von Bad Münstereifel nach Blankenheim
21,0 km

Heute bin ich erst sehr spät losgekommen, weil es erst ab 8:00 Uhr Frühstück gab. Vorher habe ich noch meine heutige Ankunft in der Jugendherberge in Blankenheim angekündigt. Somit kann ich frohen Mutes mit Heinz und Fritz in den Tag starten. Die beiden brauchen sich in Hinsicht einer Quartiersuche keine Sorgen machen, denn sie haben bis Trier alle Unterkünfte vorgebucht. Dieses hat natürlich den Nachteil, dass man dann auch immer sein Tagesziel erreichen muss. Ich bin daher etwas flexibler, denn ich habe mir bis jetzt, je nach Tagesform und Wetter mein Tagesziel erst am Vortag ausgesucht. Dass das auch einen Nachteil haben kann, soll ich heute noch erfahren. In Bad Münstereifel verabschiede ich mich wieder von den beiden: „Wir sehen uns wieder!"

Zuerst geht es wieder über Bürgersteigplatten und asphaltierte Wege bergauf. Als ich dann die Höhe erreicht habe, geht es ab in den Wald und hier reift bei mir folgender Gedanke: Jetzt bist du schon sieben Tage unterwegs. Du kennst dein Wandertempo und weißt jetzt, wieviel Kilometer du am Tag schaffst. Dann kannst du ja auch schon, das übernächste Etappenziel festlegen und dort eine Unterkunft buchen.

Gesagt, getan und Kronenburg anvisiert, das 23 Kilometer von meine heutigen Ziel Blankenheim entfernt ist. Laut Pilgerführer werden mir in Kronenburg fünf Unterkünfte vorgeschlagen und nun fangen die Probleme an. (Heute ist ja Freitag der Dreizehnte!).

Ich rufe die erste Telefonnummer an und erhalte eine Absage: „Wir haben kein Zimmer mehr frei, eine große Wandergruppe ist im Haus." Also wird die zweite Nummer gewählt. Eine automatische Stimme leiert ein „Kein Anschluss unter dieser Nummer", herunter. Dritter Versuch: Keiner nimmt ab. Bei der Vierten Nummer erhalte ich die gleiche Auskunft wie bei Nummer eins. Die fünfte Unterkunft ist wegen Renovierung geschlossen.

Was soll ich nun machen. Ich sehe mich schon in einer Scheune liegen. Aber es gibt ja noch einen Rettungsanker, meine Frau. Also sende ich ihr einen Notruf mit der Bitte, mal über das Internet in Kronenburg eine Unterkunft zu suchen. Nach einer halben Stunde kommt der ersehnte Rückruf. Sie hat eine Unterkunft gefunden. Die ist allerdings etwas teurer. Egal, nach meiner bisher gewanderten Strecke von 170 Kilometern kann ich mir ja mal was gönnen. Also rufe ich gleich dort an und reserviere mir ein Einzelzimmer. Geschafft! In diesem Augenblick fällt mir doch ein großer Stein von Herzen. Frohen Mutes kann ich nun meinen Jakobsweg fortsetzen.

Um die Mittagszeit erreiche ich die Wallfahrtskapelle St. Servatius, auch die „Ahekapelle" genannt. Auf einem breiten Forstweg im Naturschutzgebiet Genfbachtal sehe ich vor mir auf dem Weg ein Auto stehen. Ich trete näher heran und entdecke einen Mann der an einem Baum hantiert. Er verrät mir, dass er ein Wegewart sei und die

Wanderzeichen kontrolliere sowie, falls nötig, ausbessere. Des Weiteren erfahre ich, dass er schon zweimal in Santiago de Compostela war, einmal von Saint –Jean-Pied-de-Port und zum zweiten Mal von Barcelona aus. Wieder geht es mit einem freundlichen „Buen Camino" weiter.

Nachdem ich fast ein Stunde lang einem schnurgeraden Forstweg gefolgt bin, sehe ich am Horizont eine vierköpfige Wandergruppe. Mein erster Gedanke ist natürlich, vor mir sind noch andere Pilger, deshalb steigere ich mein Schritttempo. Nachdem ich sie eingeholt habe, kommen mir allerdings Zweifel, denn die Gruppe ist lediglich mit kleinen Tagesrucksäcken unterwegs. Sie bestätigen mir dann auch, dass sie keineswegs auf Pilgertour seien, sondern den Eifelsteig erwanderten. Zusammen sind wir dann über einigen Treppen nach Blankenheim abgestiegen. Bei der ganzen Quatscherei habe ich dann gar nicht mehr so auf die Umgebung und auf Wanderzeichen geachtet. Im Zentrum von Blankenheim angekommen, sehe ich ein Hinweisschild mit dem Hinweis „Fußweg zur JH". Dieses Schild zeigt allerdings in die Richtung, aus der ich gerade gekommen bin. Also heißt es kehrt, marsch, marsch und über einige Treppen wieder hinauf auf den Berg. Als ich dann doch etwas aus der Puste bei der Jugendherberge ankomme, stehe ich vor verschlossenen Türen. Auf einem Hinweisschild lese ich die ernüchternde Information: Anmeldung ab 17:00 Uhr. Es ist jetzt aber erst 15:00 Uhr! Was soll ich machen? Keine Menschenseele ist zu sehen und ich habe Durst. Einen richtigen Durst. Also geht's wieder runter nach Blankenstein. Der mir bereits vertraute Weg führt auch an einer Kirche vorbei, von der aus ich plötzlich angesprochen werde. „Hallo, Sie sind doch Pilger! Sie möchten bestimmt einen Stempel haben!" Ich drehe mich zur Stimme hin und schaue in das freundliche Gesicht einer Nonne, die in einem Türrahmen steht. „Natürlich!", ist meine erfreute Antwort.

Auf meinem weiteren Weg Richtung Ortsmitte frage ich mich, ob ich wohl noch einmal Lust haben würde, den Berg zur Jugendherberge hinauf zu laufen und erhalte ein klares „Nein" zur Antwort. Kurz darauf stehe ich bei der Anmeldung des Hotels „Kölner Hof", in dem ich sofort ein Zimmer bekomme. Mit meinem Ausgehanzug starte ich später zu einer kleinen Ortsbesichtigung und besuche die Nahequelle.

Nach dem Abendessen schaue ich noch das Fußballspiel Spanien gegen Holland, doch beim Stand 1: 4 gehe ich schon zu Bett. Ich bin doch recht müde.

Samstag, 14.Juni 2014 von Blankenheim nach Kronenburg

23,0 km

Ich habe mal wieder gut geschlafen und starte um 8:30 Uhr Richtung Kronenburg. Die 23 Kilometer dorthin sind laut Reiseführer als mittelschwer bezeichnet. Der Weg führt weiter durch die Kalkeifel, über Höhenrücken und durch tief eingeschnittene Bachtäler. Die Landschaft wird zunehmend einsamer.

Ich gehe gerade bergauf nach Nonnenbach, als ich plötzlich Heinrich und Fritz vor mir sehe. Ich hole die beiden rasch ein. Nach dem obligatorischen Informationsaustausch, was machen die Füße, wie ist es euch gestern ergangen, habt ihr das Spiel gesehen, und so weiter und so fort, haben wir uns dann wieder mit den Worten verabschiedet: „Wir sehen uns dann!" An diesem Tag sollen die beiden die letzten Menschen bleiben, denen ich auf dem Weg nach Kronenburg begegne.

Der Jakobsweg wird jetzt sehr abwechslungsreich. Wenn ich eine Höhe erreicht habe, kann ich fantastische Blicke in die Täler der Kalkeifel mit ihren Wiesen und Feldern werfen. Toll, Toll, mal ein schöner Wegabschnitt!

Für mich als Vermesser gibt es dann auch noch ein Highlight. Ich finde einen besonderen Grenzstein, den Vierherrenstein.

Der 500 Jahre alte Basaltstein markiert den „Vierländerpunkt" der Herrschaften Jünkerath, Kronenburg, Schmidtheim und Blankenheim. Auf drei Seiten sind die Wappen und Anfangsbuchstaben der Hoheitsgebiete außer Blankenheim dargestellt.

Nach einem ausgiebigen Fototermin geht es weiter durch ruhige Dörfer und bewaldete Kuppen bis ich Dahlem-Baasem erreiche.

Hier steht die Kirche St. Maria Geburt. Der zweischiffige Kirchenraum gilt als einer der schönsten der Spätgotik in der Eifel. Beim Eintritt in die Kirche fällt mein Blick auf das gegenüberliegende Fenster, das Schuhe, Pilgerstab und –tasche zeigt. Auch hier kann ich mir einen Stempel abholen.

Um 16:00 Uhr durchschreite ich das Burgtor von Kronenburg und befinde mich auf einmal im Mittelalter. Kronenburg liegt auf einem zungenartigen Bergvorsprung über der Kyll auf 660 m Höhe. Dieser exponierten strategischen Lage verdankt der Ort seine Entstehung. Lediglich an der Nordseite waren mit Burggraben und Schildmauer Befestigungen erforderlich.

Nach dem Einchecken in das Hotel Villa Kronenburg (nobel, nobel, wo ich heute nächtige) und WDA starte ich sofort eine Ortsbesichtigung. Ich bummele durch schmale Gässchen, bewundere mittelalterliche

Häuser und umrunde den „Burgbering". Dieser umschließt die Ruine der Kronenburg und die bis zu 400 Jahre alten Häuser. Dann meldet sich der Hunger und ich kehre in mein Hotel zurück.

Ich möchte noch folgendes erwähnen: An diesem Tag trage ich zum ersten Mal meinen Anorak, denn es pfeift ein kalter Wind über die Eifeler Höhen.

Sonntag, 15.Juni 2014 von Kronenburg nach Prüm

25,0 km

Meine heutigen 25 Kilometer nach Prüm sollen mich über den Höhenrücken der Schneifel führen.

Morgens genieße ich ein tolles Frühstück! Es gibt Matjessalat und Lachs. Ich mag sowas für mein Leben gerne. Auch zum Frühstück. So gestärkt wandere ich zuerst steil bergab ins Kylltal nach Dahlem-Kronenburgerhütte und danach wieder hinauf in die Eifeler Berge.

Es ist den ganzen Tag über sehr kalt. Alles ist in dichten Nebel gehüllt und es pfeift ein eisiger Eifelwind. Über den Schneifelweg habe ich heute den höchsten Punkt meines diesjährigen Pilgerweges überschritten, den „Schwarzen Mann" (697 m über NN). Auf einmal sehe ich meine beiden Mitpilger auf einer Bank sitzen. Sie sind so in sich gekehrt, dass sie gar nicht mitbekommen, dass ich keine fünf Meter vor ihnen stehe. Heinrich versucht gerade seinen Sohn zu erreichen, denn sie wollen sich heute Abend treffen. Leider ist hier oben das Netz sehr schlecht und somit ist etwas Geduld gefragt.

Weiter geht's. Ich spüre kaum den Rucksack und so bin ich frohen Mutes. Mein Schritt wieder länger und länger, bis sich der Hunger meldet und ich auf einer Bank meine morgens geschmierte Schnitte verspeise.

Um 14:00 Uhr verlasse ich den Wald und nähere mich meinem nächsten Zwischenziel, Gondenbrett. Die St. Dionysius Kirche fotografiere ich nicht, weil direkt davor ein Wohnmobil steht. Dies hat mich zuerst geärgert. Aber was soll's. Die Kirche ist offen und ich lege hier eine kurze Mußestunde ein.

Als ich wieder auf dem Weg Richtung Prüm bin, sehe ich eine Frau vor mir gehen. Mein erster Gedanke ist natürlich, treffe ich jetzt endlich eine Pilgerin? Aber als ich näher komme, sehe ich, dass sie nur einen kleinen Rucksack trägt und mit Wandersandalen unterwegs ist. Beim Überholen, spreche ich sie trotzdem an und es kommt heraus, dass sie auch auf dem Jakobsweg ist. Ich bin natürlich erst mal etwas verwirrt. So ein kleiner Rucksack! Wo ist ihr Gepäck? Sie gibt dann zu, dass sie Pilgern light macht. Sie braucht nämlich keinen schweren Rucksack zu tragen, weil ihr Mann im Wohnmobil folgt bzw. vorausfährt. Das heißt, sie braucht sich um keine Unterkunft zu kümmern, denn ihr eigenes Bett steht jeden Abend parat und auch das Essen ist immer fertig. Keine schlechte Idee, wenn man nicht so fit ist, wie ich. Ich muss natürlich den Mann bewundern, dass er so was mit macht. Für mich wäre das etwas langweilig.

Bei der ganzen Quatscherei verlieren wir den Weg, aber mein GPS-Gerät führt uns wieder auf die richtige Spur. Im Nachhinein möchte ich sagen, dass die Auszeichnung des Weges in diesem Teil der Eifel nicht gut war. An Kreuzungen oder Gabelungen fehlte doch an manchen Stellen ein Pilgerzeichen.

Beim Durchqueren eines Ortes steht am Wegesrand das Wohnmobil aus dem es lecker riecht. Ich quatschte ein bissel mit ihren Mann und genieße eine eiskalte Cola. Anschließend trennen wir uns und ich marschiere weiter zum Kalvarienberg, den ich am frühen Nachmittag erreiche.

Im Stollensystem dieses Berges lag ein Munitionsdepot. 30 Prozent der Stadt Prüm wurden 1949 zerstört, als ein Brand ausbrach und das Depot explodierte. 500 Tonnen Munition rissen einen Krater von 190 Metern Länge und 90 Metern Breite in den Berg hinein. Damals gab es 12 Tote, 60 Verletzte, 76 zerstörte und 161 beschädigte Häuser.

Heute ist der Krater noch immer gut zu erkennen. Auf dem höchsten Punkt des Berges wurde zum Gedenken an die Katastrophe ein Basaltsteinkreuz errichtet.

Kurz vor fünf Uhr erreiche ich dann Prüm. Ich checke in meinem heutigen Hotel „Zum goldenen Schwan" ein und starte nach dem üblichen WDA zu einer Ortsbesichtigung und Foto Tour. Ich besuche die Benediktiner-Abtei und die Salvator-Basilika, denn die Geschichte der Eifel ist untrennbar mit diesen verbunden. Wie kein anderes Kloster hatte dieses über Jahrhunderte hinweg großen Einfluss auf die kulturelle und wirtschaftliche Entwicklung in dieser Region. 721 stifteten Bertrada und ihr Sohn Charibert das Kloster an der Prüm.

Bei meinem Abendessen auf dem Marktplatz sitze ich zwischen vielen Motorradfahrern. Eine Gruppe scheint aus England zu kommen.

Montag, 16.Juni 2014 von Prüm nach Waxweiler

25,0 km

Laut Reiseführer liegt heute eine Etappe vor mir, deren Schwierigkeitsgrad als mittel bis hoch eingestuft ist und die mit einem steilen Aufstieg von Prüm nach Rommersheim beginnt. (Im Nachhinein war es gar nicht so schlimm).

Nachdem ich die Höhe erreicht habe geht es in die „Schönecker Schweiz".

Bis jetzt bin ich von den Wanderwegen in der Eifel ja etwas enttäuscht, Bürgersteigplatten, asphaltierte Wirtschaftswege oder breite Forstwege. Dies soll sich im Naturschutzgebiet Schönecker Schweiz ändern. Der Name leitet sich von den bizarren Felsformationen und wuchtigen Blöcken aus Dolomit Gestein ab, die an den Talrändern zu sehen sind. Ich wandere längs eines Baches, der von üppigen Pestwurz Fluren gesäumt ist, die mit ihren riesigen Blättern an Rhabarber erinnern. Nachdem ich dann das Naturschutzgebiet verlassen habe, ist der Wanderweg wie gehabt.

Hinter Schönecken fehlt an einer Kreuzung eine Wegekennzeichnung, die darauf hinweist, dass man hier links abbiegen muss. Dank meines GPS-Gerätes bemerke ich dies rechtzeitig und finde sofort den richtigen Weg. Wie ich dann später beim Abendbierchen erfahre, sind meine Mitpilger Heinrich und Fritz dort geradeaus weiter gewandert und haben erst recht spät gemerkt, dass sie auf dem falschen Weg sind. Sie meinen, der Umweg hätte ihnen über eine Stunde gekostet.

Nach Nimsreuland wandere ich steil bergauf, teilweise wieder über eine asphaltierte Straße bis ich um die Mittagszeit die Höhe von Lascheid erreiche. Zum Wetter möchte ich noch kurz erwähnen, dass ich wieder Mal einen sonnigen Tag erwischt habe. Nach einem steilen Abstieg von der Mariensäule erreiche ich um 15:30 Uhr Waxweiler, wo ich im „Hotel am Schwimmbad" mein Zimmer beziehe.

Jetzt muss das Abendprogramm exakt geplant werden, denn an diesem Tag steht das erste Spiel unserer Mannschaft bei der Fußballweltmeisterschaft in Brasilien an. Anstoß gegen Portugal ist um 18:00 Uhr. Aber das ist kein Problem, denn in meinem Hotel wird selbstverständlich auch geguckt. Also erledige ich schnell mein WDA und gehe anschließend zum Essen. Ich diniere heute mal in einer Pommes Bude - auch nicht schlecht.

Als ich wieder in mein Hotel zurückkomme, treffen gerade Heinrich und Fritz ein und schimpfen natürlich laut über die Wegekennzeichnung. Sie spülen ihren Frust dann mit einigen Bit herunter, wobei ich sie selbstverständlich ausgiebig unterstützte. Ich möchte kurz erwähnen, dass hier noch ein richtiges Pils gezapft wird. Schön langsam füllt der Wirt das Glas am Zapfhahn und gönnt dem Pils die entsprechende Ruhe. Es hat die richtige Temperatur, nicht zu warm nicht zu kalt. Das ist richtig lecker.

Lange vor dem Anpfiff sind wir in der Kneipe schon vor dem Fernseher versammelt. Alle sind mit einem Bit ausgerüstet und warten auf den Anpfiff. Die meisten von uns sind skeptisch und tippen auf ein Unentschieden. So langsam aber sicher füllt sich der Raum. Immer mehr Einheimische gesellen sich zu uns. Die Stimmung wird immer besser. Nur der Fernseher hat so seine Mucken, manchmal bleibt das Bild stehen und es entstehen Streifen. Zwischen den Zuckungen des Fernsehbildes können wir trotzdem das Foul an Götze im Strafraum sehen und den verwandelten Foulelfmeter von Müller bejubeln. Jetzt geht auf einmal der Ton des Fernsehers verloren. Daher schlägt der Wirt vor, wir könnten das Spiel auch am Gerät im Frühstücksraum ansehen. Ausgerüstet mit einem frisch gezapften Bit wechseln wir den Raum. Hier steht zwar ein altes Röhrengerät, aber das Bild hat keine Aussetzer mehr und somit können wir die weiteren Tore der deutschen Mannschaft gebührend bejubeln. Endstand ist ja 4:0 für Deutschland.

Dienstag, 17.Juni 2014 von Waxweiler nach Mettendorf

28,0 km

Für heute habe ich meine längste Etappe von 28 Kilometer über Neuerburg nach Mettendorf geplant. Zuerst wandere ich teilweise über groben Schotter aus der Talsohle von Waxweiler hinauf nach Krautscheid. Hier oben empfängt mich wieder der kalte, scharfe Eifeler Wind und siehe da, hier gibt es sogar eine Ortschaft, die Windhausen heißt. Ich kann also bestätigen, eine passende Ortsbezeichnung. Am Ortsende von Windhausen gehe ich an einem Einfamilienhaus mit großem Vorgarten vorbei, in dem ich an mehreren Stellen Jakobsmuscheln entdecke, teilweise als Kunstobjekt. Ich spreche daraufhin den Hausbewohner an, der gerade sein Auto putzt. Es stellt sich heraus, dass er schon einige Abschnitte des Jakobsweges in Deutschland gewandert ist und er eines Tages auch mal in Santiago de Compostela ankommen möchte. Damit er daran immer erinnert wird, hätte er sich die Jakobsmuscheln in seinem Vorgarten aufgestellt.

Um 12:00 Uhr erreiche ich das idyllisch im Tal der Enz liegende Neuerburg. Hier stärke ich mich bei einem Bäcker mit Erdbeerkuchen und einem Weizen bevor es mit einem besonders steilen Aufstieg zur Kreuzkapelle weitergeht.

Am frühen Nachmittag erreiche ich Mettendorf, mein heutiges Tagesziel, und kehre in meine Unterkunft Hotel im Fronhof ein. Beim Duschen stelle ich fest, dass ich mir an einer Zehe eine erste Blase gelaufen habe. Vermutlich habe ich mir die bei dem steilen, asphaltierten Weg nach Mettendorf geholt. Ich behandele sie entsprechend des Pilgerführers, indem ich einen Faden durch die Blase ziehe. Ansonsten fühle ich mich pudelwohl. Der Rücken macht keine Problem: Toi, Toi und nochmals Toi.

Mittwoch, 18.Juni 2014 von Mettendorf nach Echternach

26,0 km

Heute führt mich der Jakobsweg nach Luxemburg in das Städtchen Echternach. Zuerst wandere ich weiter im Tal der Enz und dann hinauf auf die sanft wellige, nur von einzelnen Kuppen geprägte Ackerbaulandschaft des fruchtbaren Gutlandes, die so genannte Kornkammer der Südeifel.

Als ich um 9:00 Uhr vor der Kirche von Nusbaum stehe, kommt sofort ein Mann aus dem Nachbarhaus und ruft mir zu: „Ich schließe sofort die Kirche auf, und einen Stempel bekommen Sie auch!"

Hinter Nusbaum soll ich eine der bemerkenswertesten Landschaften der Eifel kennenlernen, das Ferschweiler Plateau. Dieses Sandsteinplateau diente schon den Menschen des 2. oder 3.

36

Jahrtausend v. Chr. als eine natürliche Zufluchtsstätte. Hier oben erkunde ich eine Wikingerburg und eine halbe Stunde später stehe ich vor dem Fraubillenkreuz. Das Fraubillenkreuz ist einer der wenigen noch in der Region existierenden Menhire (keltisch: langer Stein). Er diente im 2. oder 3. Jahrtausend v. Chr. der Götterverehrung und dem Totenkult. Der ca. 3,5 Meter hohe Stein wurde offensichtlich mit der Christianisierung dieser Region als Kreuz umgestaltet.

Beim Aufstieg zum Plateau muss ich wohl mal umgeknickt sein, denn nachdem ich die Höhe erreicht habe, schmerzt auf einmal mein rechtes Fußgelenk. Erinnern kann ich mich allerdings nicht daran, oder liegt hier eine Überanstrengung des Fußgelenkes vor? Den Knöchel reibe ich dann bei einer kleinen Pause mit Murmeltiersalbe ein. Die Schmerzen habe ich dann bald vergessen, denn ich werde ja von interessanten Objekten, wie der Wikingerburg und dem Menhir abgelenkt. Weiter wandere ich auf Trampelpfaden durch Felsdurchgänge in einem naturnahen Buchenwald. Kurz vor Bollendorf sehe ich noch ein römisches Zeugnis dieser Region, die „Villa rustica". Das römische Herrenhaus ist auf den vorgefundenen Fundamenten rekonstruiert worden.

Als ich dann über Asphalt bergab Richtung Bollendorf gehe, kehren die Schmerzen im Fuß zurück. Ich behandele ihn abermals mit der Murmeltiersalbe, doch das Motto heißt jetzt, Zähne zusammenbeißen und weiter geht's!

Hier in Bollendorf suche ich zuerst eine Apotheke auf, um ein Insektenspray zu kaufen, denn ich habe unterwegs an manchen Stellen doch stark mit Mücken, Bremsen etc. zu kämpfen. Der Apotheker gibt mir noch den Tipp, wo ich an der Brücke, die über der Sauer führt abbiegen muss, damit ich den Fahrradfahrern aus dem Weg gehen kann.

Nach der Mittagspause gehe ich zuerst auf der deutschen Seite der Sauer flussabwärts. Bei Weilerbach überquere ich die Sauer und betrete somit Luxemburg ohne jegliche Grenzformalitäten.

Jetzt meldet sich mein rechter Knöchel immer intensiver und ich wünsche mir, dass ich nach der nächsten Wegbiegung mein heutiges Tagesziel Echternach erblicken kann. Öfters lege ich jetzt eine Pause ein, denn neben meinen Fußschmerzen wird auch noch der Rucksack schwerer und schwerer.

Um 16:00 Uhr erreiche ich endlich Echternach. Das tolle Erscheinungsbild der Stadt lenkt mich zum Glück erstmal von meinen Beschwerden ab. Nachdem ich eine schöne Fußgängerzone durchschritten habe, stehe ich vor dem imposanten Bauwerk der St. Willibrord Basilika. Weiter geht es zum Marktplatz, eingesäumt von mittelalterlichen Häusern. Hier befindet sich auch meine heutige Unterkunft, das Hotel Le Petit Poete.

Echternach ist die älteste Stadt von Luxemburg. Dort, wo heute die Kirche St. Peter und Paul auf dem Hügel thront, stand einst ein römisches Kastell. Hier befand sich der erste Siedlungskern des Ortes mit einer römischen Befestigungsmauer aus dem Jahr 275 n.Chr.

Neben meinem üblichen WDA ist heute eine intensive Fußpflege nötig. Als dies 17:30 Uhr erledigt ist, kehre ich wieder zum Marktplatz zurück, um hier eine Stätte zu finden, wo ich meinen Hunger stillen kann, doch ich gucke erst mal dumm aus der Wäsche. Ob Pizzeria, Gaststätte oder Restaurant, alle sind noch geschlossen und die meisten öffnen erst um 19:00 Uhr oder noch später. In einem Biergarten kann ich aber wenigstens den schlimmsten Durst löschen.

Ich bin jetzt wohl schon in Frankreich gelandet und muss mich an andere Sitten und Gebräuche gewöhnen, z.B. spätere Essenszeiten!

Donnerstag, 19.Juni 2014 von Echternach nach Welschbillig

11,0 km

Als ich früh morgens aufwache, gilt der erste Blick meinem rechten Fuß und ich bekomme einen großen Schreck. Er ist dermaßen angeschwollen, dass ich nicht mehr meinen Knöchel sehen kann. Bei einem Gehversuch zuckt es wohl im Fuß, doch nach einigen Schritten im Zimmer ist der Schmerz zu ertragen.

Das Frühstück soll es erst ab 8:00 Uhr geben. Da ich bereits lange wach bin und endlich los will, werde ich schon etwas ungeduldig. Ich muss schließlich wissen, wie mein Fuß reagiert, wenn er voll belastet wird. Um kurz vor acht Uhr bemerke ich einen leichten Kaffeeduft, der durch die Gänge in mein Zimmer zieht. Diesen Geruch interpretiere ich als Startsignal und gehe ganz vorsichtig die Treppe hinunter in den Frühstücksraum. Ich bin der erste und die Uhr die im Frühstücksraum hängt, zeigt zwei Minuten vor 8:00 Uhr. Die Dame des Hauses erscheint zwar sofort, doch ihr erster Blick gilt nicht etwa mir, ihrem Gast, sondern der Uhr. Ich werde das Gefühl nicht los, dass sie intensiv überlegt, ob sie mich tatsächlich schon vor 8:00 Uhr bedienen soll. Die Entscheidung fällt zu meinem Gunsten aus, und sie fragt mich nach meinem Wünschen. Geht doch!

Für heute ist ja eine kurze Etappe von 14 Kilometern geplant und ich bin davon überzeugt, dass ich diese trotz meines geschwollenen Fußes bewältigen werde.

Ich schaffe das!

Ich starte zuerst in Wanderschuhen, wobei ich den rechten Schuh nur locker schnüre. Die ersten langsamen Schritte sind zuerst fast schmerzfrei, aber als ich nach ca. einem Kilometer Echternach verlassen habe und wieder in Deutschland bin, pocht es immer mehr im Fuß. Der Schuh drückt auf meinen geschwollenen Knöchel, deshalb ziehe ich jetzt meine Wandersandalen an und ich merke, mit diesem Schuhwerk läuft sich's besser. Also Zähne zusammenbeißen und weiter geht es.

Durch ehemalige Weinberge steigt der Weg mal wieder bergauf und über Serpentinen erreiche ich eine offene Hochebene, die total verspargelt ist. Hier oben stehen wohl hunderte von Windrädern.

Der Fuß tut immer mehr weh und ich nutze jetzt jede Rastmöglichkeit, ob eine Bank, einen großen Stein oder einen Baumstumpf, um die Schmerzen in meinem Fuß zu beruhigen. Dabei studiere ich nochmals meinen Pilgerführer und lese, dass es vor Wellschbillig eine Übernachtungsmöglichkeit gibt. Wohl etwas abseits vom Jakobsweg, aber ich kann dann für meine morgige Etappe nach Trier 2 bis 3 Kilometer sparen. Man merkt an dieser Aussage, ich will es unbedingt schaffen.

Nach dieser Entscheidung geht es dann langsam weiter und siehe da, auf einmal erblicke ich ein Hinweisschild, das mir den Weg zu meiner neu erkorenen Unterkunft zeigt. Da mein GPS-Gerät die Wegeführung bestätigt, verlasse ich hier den ausgeschilderten Jakobsweg. Ich folge zuerst einem Feldweg Richtung Süden, der aber nach einer Stunde Wanderung urplötzlich an einer Baustelle endet. Hier wird die vielbefahrene Bundesstraße ausgebaut. Weil ja heute Feiertag (Fronleichnam) ist, kann ich die Baustelle allerdings gefahrlos überqueren. Was mir Probleme macht, ist jedoch der weiße Beton, über den ich bergauf gehen muss. Er wird von der Mittagssonne ordentlich aufgeheizt und bringt mich fürchterlich zum Schwitzen. Aber ich habe ja schon mein heutiges Ziel vor Augen und der Gedanke an ein kühles Bier vertreibt sogar den Schmerz in meinem Fuß.

Beim Einchecken im Gasthaus Dahm und bei meinem wohlverdienten Bierchen, lädt mich dann die Wirtin für abends zum Grillen ein. Bevor ich mein übliches WDA in Angriff nehme, lege ich mich erstmal eine Weile aufs Bett und bettet den Fuß schön hoch. Meine Gedanken kreisen um den folgenden Tag: „Wie soll es morgen weiter gehen? Schaffst du es überhaupt bis nach Trier?"

Bei dem täglichen Telefonat mit meiner Frau, klage ich ihr mein Leid. Sie hat in der Zwischenzeit ein Hotel in der Nähe von Trier für den nächsten Tag gebucht und macht den Vorschlag, mich morgen an meinem jetzigen Unterkunftsort abzuholen, doch das lehne ich sofort ab.

Mein Ziel ist Trier: „Ich schaffe das!" Also verabreden wir einen Treffpunkt in Trier.

Jetzt wird es aber Zeit zum Grillen zu gehen und so humpele ich langsam in den Hof der Gaststätte hinunter - ich brauche ja nur dem Geruch zu folgen. Die Nachbarschaft hat sich bereits um den Grill versammelt, auf dem die Steaks und Würstchen verführerisch brutzeln. Nach einer Vorstellungsrunde, wer ich bin, woher ich komme, wohin ich gehe und so weiter und sofort, steht schon ein frisch gezapftes Bitburger und ein gut gefüllter Teller mit Eifeler Schwenkbraten, Würstchen und Kartoffelsalat vor mir. Bei den nächsten Bierchen vergesse ich dann auch meinen geschwollenen Fuß.

Nachdem der verlorene Flüssigkeitshaushalt wieder aufgefüllt ist, gehe ich satt und zufrieden in Richtung Bett. Mit dem Gedanken: "Das schaffst du!", schlafe ich rasch ein.

Freitag, 20.Juni 2014 von Welschbillig nach Trier mit dem Bus

Als ich heute Morgen aufwache geht mein erster Blick sofort zum Fuß und ich bekomme wieder einen enormen Schreck. Der Fuß ist noch dicker geworden. Kein Knöchel ist mehr zu sehen und als ich dann vorsichtig den Fuß belaste, zucken fürchterliche Schmerzen vom Knöchel bis in die Wade empor. Damit kann ich meine angepeilten 18 Kilometer nach Trier nicht wandern. Ich muss mich mit dem Gedanken vertraut machen, dass der Ofen aus ist. Du musst deinen Pilgerweg so beenden, wie du diesen begonnen hast. Am ersten Tag bist du ja das letzte Stück des Weges mit dem Bus gefahren und heute, an deinem letzten Pilgertag, musst du die gesamte Strecke mit dem Bus fahren. Diese Entscheidung fällt mir nicht leicht, denn sie widerspricht meinem Ehrgeiz, zu Fuß nach Santiago de Compostela zu pilgern. Aber was nicht geht, geht nicht.

Beim Frühstück frage ich dann die Wirtin nach einer Möglichkeit, wie man mit dem Bus nach Trier fahren kann, und ich habe Glück. In der unmittelbaren Nachbarschaft gibt es eine Haltestelle, von wo aus ein Bus direkt nach Trier fährt.

Langsam humpelnd mache ich mich nach dem Frühstück auf den Weg und besteige um 8:15 Uhr den Bus. Um 9:00 Uhr erreicht er Trier und ich steige bei der Porta Nigra aus. Langsam gehe ich durch die Fußgängerzone Richtung Markt. Um diese Uhrzeit sind wenige Touristen unterwegs, so dass ich mir in Ruhe die Sehenswürdigkeiten von Trier anschauen kann, die Porta Nigra, Steipe mit dem Marktkreuz, den Dom und die Liebfrauenkirche.

In der Zwischenzeit hat meine Frau angerufen und mir mitgeteilt, dass sie jetzt losfährt. Das Navi hätte als Ankunftszeit 13:00 Uhr berechnet. Mir bleibt also noch genügend Zeit, um meine

Besichtigungstour fortzusetzten. Nachdem ich mir meinen Stempel abgeholt habe, kaufe ich etwas Obst, sowie eine Zeitung und lasse mich auf einer Parkbank im Palastgarten bei der Konstantinbasilika nieder. Beim Essen und Lesen verfolge ich das Treiben in der Hoffnung, andere Pilger zu Gesicht zu bekommen. Leider kommt niemand mit einem großen Rucksack vorbei, mit dem ich mich hätte unterhalten und dem ich mein Leid hätte klagen können.

Nach einer Weile gehe ich dann langsam und gemütlich zu den Kaiserthermen und von dort zum Amphitheater, dem ausgemachten Treffpunkt mit meiner besseren Hälfte. Dort sitze ich dann auf einer Bank und warte sehnsüchtig auf meine Frau. Diese Bank steht an einer strategisch günstigen Stelle, denn von hier aus kann ich gut die Straße einsehen aus der meine Frau kommen muss. Um 14:18 Uhr ist es endlich soweit, ich sehe ein Silber farbiges Auto mit Fahrradträger die Straße hinauffahren, welches auf den Parkplatz abbiegt.

Ich nehme meine Frau in die Arme und drücke sie ganz fest. Mein diesjähriger Pilgerweg ist nun beendet.

Ein kurzes Fazit meiner bisherigen 15-tägigen Pilgerschaft. Ich habe mein vorher gesetztes Ziel bis nach Vézelay zu wandern nicht geschafft, der Weg war größtenteils eintönig und langweilig, aber alleine der Gedanke, ich bin auf dem Jakobsweg und die Begegnungen mit den Menschen hatte Alles überstrahlt.

Es hat Spaß gemacht!

Und nächstes Jahr wird der Jakobsweg fortgeführt!

Versprochen: „Ich schaffe das!"

Teil Zwei meines Pilgerweges

Donnerstag, 09.April 2015 Anreise nach Trier

Voller Zuversicht bin ich heute Morgen mit dem Zug Richtung Trier gestartet, um meinen Jakobsweg fortzusetzen. Ich fühle mich körperlich topfit und durch die Erfahrungen meiner letztjährigen Wanderung, habe ich meine Ausrüstung noch verbessern können. Zum Beispiel habe ich Sachen, die ich letztes Jahr nicht gebraucht aber mitgeschleppt habe, zu Hause gelassen. Der Rucksack ist daher etwas leichter geworden. Des Weiteren habe ich mir den richtigen Starttag ausgesucht, denn heute ist der erste richtige Frühlingstag in diesen Jahr. Wohl etwas kalt, aber die Sonne lacht aus einem strahlend blauen Himmel.

In Köln steige ich um. Der Zug fährt jetzt durch die Eifel und berührt einige Orte, die ich im letzten Jahr durchwandert habe, z.B. Euskirchen und Blankenheim. Um 14:30 Uhr erreiche ich Trier und steuere meine erste, diesjährige Unterkunft an, eine Jugendherberge.

Am Nachmittag mache ich einen Stadtbummel und besuche noch einmal die Orte, die ich im letzten Jahr nur humpelnd besichtigen konnte. Dabei kreisen meine Gedanken immer wieder um die Erlebnisse des letzten Jahres. Was wird mich wohl diesmal erwarten?

Freitag, 10. April 2015 von Trier nach Mannebach

22,6 km

Mein Piepmatz und ich sind wieder auf unserem Weg.

Ich habe verhältnismäßig gut geschlafen, bin allerdings mit Rückenschmerzen aufgewacht. Das liegt an der Jugendherbergsmatratze! „Ich schaffe das!"

Beim Frühstück bemerke ich sofort, dass ich tatsächlich in einer Jugendherberge bin. Es gibt keinen schwarzen Tee, dafür trinke ich heute einen leckeren Kakao. Laut Pilgerführer werde ich heute wieder auf römischen Wegen wandern. Mal schauen, was ich an meinem ersten Pilgertag zu Gesicht bekomme.

Um 8:00 Uhr habe ich meinen Rucksack gesattelt, und die ersten Schritte auf meinem diesjährigen Camino führen mich längs der Mosel Richtung Konz. Diese ersten Schritte fallen mir sehr schwer, weil es über Betonpflaster oder Asphalt geht. Deswegen lasse ich auch die Kirche St. Matthias links liegen, obwohl sie nicht nur ein Pilgerziel für Matthiaspilger, sondern auch Startpunkt der Pilgerfahrt vieler Jakobspilger ist. Ich will erstmal gehen, meinen Schritt finden und nicht schon jetzt eine Pause einlegen.

Nach 2 1/2 Stunden habe ich meine ersten 12 Kilometer geschafft und überquere in Konz die Saar. Ab hier verlasse ich erstmal die Mosel Richtung Tawern. Laut Pilgerführer soll mich der Weg durch ein liebliches Tälchen hinaufführen. Diesem möchte an dieser Stelle widersprechen, denn hier ist momentan eine Großbaustelle. Wie ich der Infotafel entnehme, entsteht hier eine Umgehungsstraße für Konz.

Um die Mittagszeit erreiche ich Tawern mit seinem oberhalb liegenden römischen Tempel. Dies ist lediglich eine Rekonstruktion und so manches kommt mir sehr kitschig vor. Bei meiner Besichtigungstour durch die Anlage werde ich heute zum ersten Mal angesprochen. „Sind Sie auf dem Pilgerweg?"

Das Beste hier oben ist der wunderbare Blick auf das im Moseltal eingebettete Trier. Vom Tempel aus wandere ich weiter leicht bergauf bis zum Kamm und ab hier folge ich der alten Römerstraße Richtung Mannebach, meinem heutigen Etappenziel.

Diese ersten zweiundzwanzig Kilometer müssen erstmal reichen, denn nach einem Pilgerbericht soll hier ein tolles Hotel liegen, das

Mannebacher Landhotel. Ich werde nicht enttäuscht. Wer ein Bier trinken will, wo es gebraut wird, ist hier genau richtig. Es gibt mehrere Sorten: Hell, Dunkel und Naturtrüb, die ich natürlich alle probieren muss. Dazu ein leckeres, deftiges Essen in einem gemütlichem Ambiente mit alten Bierfässern auf einem Leiterwagen und andere Brauutensilien.

Nach dem Essen kann ich dann auch endlich mit Zu Hause telefonieren, denn als ich am Nachmittag am Hotel angekommen war, hatte ich kein Netz und der Festnetzanschluss funktionierte auch nicht. Mein Lebenszeichen wurde schon sehnsüchtig erwartet. Mit leichten Kopfschmerzen schlafe ich an diesem Abend ein. Vielleicht hatte ich doch ein Bier zu viel getrunken!

Samstag, 11. April 2015 von Mannebach nach Perl

22,3 km

Da ich der einzige Gast hier bin, fällt das Frühstück leider wenig einladend aus. Aufbackbrötchen, ein bissel Marmelade und zwei Scheiben Wurst und Käse. Ich verdrücke alles schnell und starte frohen Mutes nach Kümmern. Zuerst geht es längs der Hauptstraße steil bergauf. Es ist derselbe Weg, den ich gestern schon bergab gewandert bin. Nachdem ich die Höhe wiedergewonnen habe, geht es weiter Richtung Süden, bis ich nach ca. 4 Kilometer die Kirche St. Jacobus in Rehlingen erreiche. Ich hole mir meinen Stempel ab blättere ein wenig in dem beiliegenden Pilgerbuch. Anscheinend sind doch einige Pilger vor mir unterwegs. Da ich bis jetzt immer mutterseelenallein gelaufen war, hatte ich so meine Zweifel, ob um diese Jahreszeit überhaupt noch anderer Pilger auf dem Weg sind.

Weiter geht es bergauf Richtung Merzkirchen, welches ich um 11:30 Uhr erreiche. In der Zwischenzeit wurde das Wetter immer schlechter und ich fühlte mich zum ersten Mal auf meiner Pilgertour genötigt, eine Regenhose anzuziehen.

An dieser Stelle möchte ich eine kleine Anmerkung zu meiner Ausrüstung bezüglich des Regenschutzes machen. Es gibt ja verschiedene Möglichkeiten, wie man einem Regen trotzen kann. Eine Möglichkeit ist der Regenschirm, aber dieser hat den Nachteil, dass man nur noch eine Hand frei hat und wenn es in Strömen regnet und sehr windig ist, nützt er auch nicht viel. Viele empfehlen einen Regenponcho, der hat den Vorteil, dass dann der Rucksack gleichzeitig geschützt ist. Aber wenn es sehr windig ist, wird die Hose auch nass und es regnet in die Schuhe hinein. Ich habe mich für eine rucksackfeste Wanderjacke und eine Regenhose mit seitlichen Reißverschlüssen entschieden, die ich über meine Wanderhose ziehen kann. Der Vorteil ist, die Hose schließt den Schaft des Schuhes ab, und damit kann kein Wasser von oben in den Schuh laufen. Und nach einigen Regentagen, die ich noch erleben werde, bin ich mit meiner Entscheidung zufrieden. Trotz heftiger Regengüsse und starken Winden, bin ich unter dieser Regenbekleidung trocken geblieben. Noch ein kleiner Tipp. Ich wandere nicht mit wasserdichten Goretex-Wanderschuhen, sondern mit Lederschuhen. Wasserdicht mache ich sie mit Snowsneal. Ich habe bisher bei meinen ganzen Wanderungen keine nassen Füße bekommen, und weil es ja Lederschuhe sind, bekomme ich auch keine Schweißfüße.

Meine heutige Mittagspause verbringe ich in einer Schutzhütte kurz vor Sinz. Ich bin froh, dass ich dafür ein Dach über dem Kopf habe, denn das Wetter wird immer schlechter.

Der Weg führt mich jetzt über den Höhenrücken des Saargaus, so dass mir der Wind den Regen fast waagerecht ins Gesicht peitscht. Mit gesenktem Kopf, meinen Pilgerhut tief heruntergezogen trotze ich Regen und Wind, so dass mein Blickfeld kaum weiter als bis zu meinen Fußspitzen reicht. Ich habe keine Chance, auch mal meine Umgebung zu betrachten, die ja laut Pilgerführer tolle Ausblicke bieten soll. So kämpfe ich mich die nächsten Stunden Schritt für Schritt nach Borg. Ab hier wird das Wetter besser. Gleichzeitig geht es jetzt durch Weingärten sehr steil ins Mosel Tal hinab.

Am Ortseingang von Perl entdecke ich einen ALDI-Markt, wo ich Zahnbürste und Zahnpasta einkaufe, die ich in Trier vergessen hatte. Hier erfahre ich auch, warum die Aldi-Brüder zu den Reichsten Deutschen aufgestiegen sind. In diesem riesengroßen Supermarkt sind alle sechs Kassen geöffnet und an jeder einzelnen hat sich eine lange Käuferschlange mit randvoll gefüllten Einkaufswagen gebildet. Hier kauft offenbar ganz Luxemburg ein. Mich hat man natürlich als Pilger erkannt und mit meinen zwei Teilchen sofort nach vorne gelassen.

Bei meiner Zimmersuche in Perl erhalte ich erstmal zwei Absagen, so dass ich letztendlich im „Perler Hof" lande, wo es dann sogar W-LAN gibt.

Zum Abendessen genehmige ich mir eine Forelle Müllerin mit einigen Bierchen, die ich mir heute redlich verdient habe. Bei äußerst widrigen Wetterbedingungen habe ich immerhin stolze 27 Kilometer geschafft!

Sonntag, 12. April 2015 von Perl nach Kédange-sur-Canner

28.4 km

Heute gibt es schon ab 6:30 Uhr Frühstück. Dies nutze ich natürlich aus und sitze als einer der ersten am Frühstückstisch. Leider gibt es wieder nur Aufbackbrötchen, aber das beiliegende Brot schmeckt gut.

Um 7:30 Uhr starte ich Richtung Schengen, um mir diesen geschichtsträchtigen Ort anzuschauen. Nach einer halbstündigen Besichtigungstour kehre ich wieder auf die östliche Seite der Mosel zurück, um von hier aus meinen Weg Richtung Süden fortzusetzen. Dabei überschreite ich die Grenze nach Frankreich.

Nach ca. 5 Kilometern erreiche ich Sierck-les-Bains. Hier werde ich von einem Einheimischen auf eine Jakobsdarstellung aufmerksam gemacht, die sich oben in einer Gebäudeecke befindet. Die hätte ich sonst nicht gesehen.

Jetzt macht das Wandern (Pilgern) wieder Spaß.

Das Wetter ist ok, bedeckter Himmel, aber kein Regen.

Es geht wohl wieder bergauf. Ein Trampelpfad führt mich durch einen urigen Wald längs eines idyllischen Bachlaufs. Ich passiere die Ruine einer alten Schleifmühle mit einem kleinen Wasserfall und erreiche den dazugehörigen Steinbruch. Über Stock und Stein und mehrere Stufen erreiche ich dann um 11:00 Uhr Montenach.

An einer Waldwegkreuzung steht eine Jakobsstele und weist mich darauf hin, dass es noch 2 200 Kilometer bis Santiago de Compostela sind.

Die wirst du auch noch schaffen!!

Jetzt meldet sich mein Magen und während ich weiter gehe, halte ich längs des Weges nach einem schönen Picknickplätzchen für meine Mittagspause Ausschau. Dummerweise ist weit und breit keine Bank zu sehen. Mir würde ja schon ein liegender Baumstamm oder ein Baumstumpf reichen, aber der Wald scheint hier sehr aufgeräumt zu sein, und ich muss fast noch eine Stunde weiter gehen, bis ich eine grüne Hütte sehe. Auf deren Treppe zum Eingang lasse ich mich erleichtert nieder. Ich packe mein Butterbrot aus, das ich wie jeden Tag beim Frühstück geschmiert habe und kann dieses sogar bei etwas Sonnenschein genießen.

Später durchquere ich eine Bunkeranlage der Maginotlinie und wundere mich, dass die Panzersperren noch nicht entfernt sind. Ich schätze diese Betonklötze versperren auch heute noch Treckern den Weg durch das Tal.

Um die frühe Nachmittagszeit erreiche ich den Kemplicher Berg. Ab jetzt geht es wieder bergab ins Moseltal Richtung Kédange-sur-Canner, meinem heutigen Etappenziel.

Als ich den Ortseingang betrete bin ich sehr gespannt, ob ich hier ein Bett bekomme, denn in Kédange-sur-Canner gibt es laut Pilgerführer nur eine einzige Unterkunftsmöglichkeit und der nächste Ort mit einem Hotel ist noch 10 Kilometer entfernt. (Man bedenke, dass ich an diesem Tag schon 28 Kilometer gelaufen bin!)

Das Hotel „Logis Hôtel de la Canner" finde ich auf Anhieb, doch als ich die Hotellobby betrete, trifft mich fast der Schlag. Alles ist mit Folie eingehüllt und mehrere große Farbeimer stehen herum.

Auf mein erstes leises „Bonjour, Madam, Monsieur ...", meldet sich niemand. Bei dem Gedanken *Jetzt sind doch noch 10 Kilometer fällig,* rutscht mir schon das Herz in die Hose, doch nach einem etwas lauteren Rufen kommt ein Mann in weißer Arbeitsbekleidung um die

Ecke. Mit Händen und Füßen versuche ich ihm mein Anliegen zu erklären, dass er glücklicherweise sofort versteht, denn mit den Worten: „Bar! Bar!" zeigt er nach draußen. Beim Betreten dieser Bar sehe ich hinter der Theke auch gleich ein Schild mit Übernachtungspreisen. Mit Hilfe eines Sprachführers kann ich meine Wünsche äußern, und nachdem alle Formalitäten erledigt sind, erhalte ich sogar noch einen schönen Pilgerstempel.

Frisch geduscht starte ich später zu einer kleinen Besichtigungstour durch das Örtchen. An der Kreuzung liegt gegenüber des Hotels die Marie (Bürgermeisterei) und auf der anderen Seite die Kirche mit dem Friedhof. Ich sehe mir fast jeden Grabstein an, denn das Abendessen gibt es hier wieder erst ab 19:00 Uhr, und ich bin heute wieder flott unterwegs gewesen.

Gegessen habe ich dann das, was ich auf der französischen Speisekarte übersetzten konnte, ein Entrecôte mit Pommes.

Montag, 13. April 2015 von Kédange-sur-Canner nach Metz

35,7 km

Nach einem französischen Frühstück starte ich um 8:00 Uhr ohne festes Ziel. Mal sehen wie weit ich heute komme.

Bei bedecktem Himmel wandere ich zuerst mit langer Hose, die ich jedoch schon nach 4 Kilometern gegen meine kurze tausche, da die Sonne zum Vorschein kommt und es wärmer und wärmer wird. Man merkt, dass man immer weiter Richtung Süden kommt.

Diese Etappe ist leicht zu gehen. Ich wandere über ebene, meistens asphaltierte Wege, die durch das Tal der Canner und durch eine hübsche Feld-, Wald- und Wiesenlandschaft führt. Unterwegs gibt es immer wieder Überreste aus dem 1. Weltkrieg zu sehen.

Um 11:00 Uhr erreiche ich Saint-Hubert, wo ich die „Kapelle zu unserer Lieben Frau von Raban" besuche. Der Legende zufolge, hat Karl der Große diese Kapelle erbauen lassen. Weiter geht es schnellen Schrittes nach Vigy. Und weil es heute so gut läuft reift in mir immer mehr der Gedanke: „Du könntest es ja heute bis nach Metz schaffen. Deine erste „Über 30-Kilometer-Etappe!"

Nach Vany wandere ich über einen recht matschigen Trail steil bergauf. Um 15:00 Uhr erreiche ich Mey und ab hier sollen es nur noch 6,8 Kilometer bis nach Metz sein. „Das schaffst du heute!", ist meine Parole.

Aber jetzt merke ich doch meine Oberschenkel, denn jetzt laufe ich durch die Vororte von Metz über Bürgersteige steil bergab Richtung Mosel.

Wie im Pilgerführer empfohlen, verlasse ich nun den ausgeschilderten Jakobsweg und gehe durch einen Park an der Stadtmauer und am Seilleufer entlang, bis ich zu deren Mündung gelange. Ab hier folge ich dem Moselkanal Richtung Stadtmitte.

Mein Orientierungspunkt ist jetzt der Stephansdom von Metz, wo am Domplatz eine Touristeninformation sein soll. Da ich den Pilgerweg verlassen habe, muss ich mich ja anderweitig orientieren. Als ich eine Kirche mit einem hohen Kirchturm sehe, wähne ich mich bereits auf der richtigen Spur und gehe direkt darauf zu. Vor dem imposanten Gebäude befindet sich auch ein großer Platz, was ich aber nicht entdecken kann, ist eine Touristeninformation. So stehe ich erstmal etwas verwirrt herum, bis ich mir eine hübsche Französin aussuche und sie mit meinem Kauderwelsch nach dem Weg zum Dom frage. Sie versteht mich auch sofort und erklärt mir mit ihrem schnellen Französisch den Weg. Mein dummes, fragendes Gesicht spricht offenbar Bände, und so nimmt sie mich kurzentschlossen an die Hand und führt mich durch einige verwinkelte Altstadtgassen bis zum Dom. Dafür an dieser Stelle nochmals ein: „Merci! Merci!"

Um 17:00 Uhr stehe ich in der Touristeninformation und habe endlich keine Sprachprobleme mehr. Eine der freundlichen Damen kann Deutsch und so erfahre ich, dass sich in der Nähe eine Jugendherberge befindet. (Im Pilgerführer ist diese nicht erwähnt). Ich erhalte einen kleinen Stadtplan mit den Sehenswürdigkeiten von Metz und die Dame kennzeichnet die Stelle, wo die Jugendberge liegen soll. Ich begebe mich also auf den Weg dorthin, und stelle verdutzt fest, dass ich diese Strecke doch gerade eben erst gegangen bin. Tatsächlich, kurz darauf stehe ich wieder vor der Kirche, die ich bei meinem Einmarsch nach Metz fälschlicherweise für den Stephansdom gehalten hatte. Jetzt kann ich diese anhand des Stadtplanes identifizieren. Ich stehe vor Ste-Ségolène, auch eine bedeutende Kirche von Metz.

In der Jugendherberge buche ich dann gleich ein Einzelzimmer mit Frühstück für zwei Nächte, denn diese alte, sehenswerte Stadt, deren wechselvolle Geschichte um 52 v.Ch. mit der Eroberung einer keltischen Siedlung durch die Römer begann, will ich mir genauer anschauen. Metz wurde einst von den Hunnen überrannt, fiel wieder an die Franken, wurde Lothringen zu geschlagen, kam ins Ostfrankenreich, gehörte zu Frankreich, dann zu Preußen und fiel nach dem Ersten Weltkrieg endgültig nach Frankreich zurück. Jeder dieser Eroberer hatte seine Spuren hinterlassen, die ich mir gerne ansehen möchte.

Zuerst gehe ich allerdings wieder Richtung Domplatz, um nach einer Futterstelle zu suchen, denn mein Magen knurrt allmählich deutlich hörbar. Da es das Dinner wie üblich erst ab 19.00 Uhr gibt, habe ich natürlich reichlich Zeit, alle Speisekarten zu studieren. Meine Wahl fällt letztendlich auf eine Pizzeria, was nicht etwa einem entsprechenden Appetit, als vielmehr der Tatsache geschuldet ist, dass ich erstens diese Speisekarte lesen und zweitens draußen sitzen kann. Die Entscheidung erweist sich am Abend als goldrichtig, denn eine so leckere Pizza habe ich lange nicht mehr gegessen. Dies liegt vermutlich auch daran, dass ich nach der heutigen 35 Kilometer langen Wanderung einen Riesenhunger habe. Zum krönenden Abschluss gönne ich mir noch ein Tiramisu und spüle alles mit 3 großen Bierchen herunter. Das ganze Festessen kostet am Ende nur 18,-€.

Glücklich und zufrieden kehre ich zur Jugendherberge zurück und falle trotz der Wärme, die im Zimmer herrscht, in einen tiefen erholsamen Schlaf.

Dienstag, 14. April Metz

Heute ist Ruhetag, Besichtigungstag und Erkundungstag.

Zuerst besichtige ich die Kathedrale Saint-Etienne, zu Deutsch der Stephansdom. Sie gehört mit ihrem 42 m hohen Kirchenschiff zu den größten gotischen Kirchengebäuden in Europa und ihre Kirchenfenster mit einer Gesamtfläche von 6500 m² (aus dem 13. bis

20. Jahrhundert, darunter einige auch von Chagall) haben ihr den Beinamen „die Laterne Gottes" verliehen. Ein wirklich tolles Gefühl, wenn man in dem großen Kirchenschiff steht und die leuchtenden Buntglasfenster sieht.

Anschließend schlendere ich runter zur Mosel und gehe längs der Befestigungsmauern zum Temple Neuf, dessen Architektur dem Dom zu Speyer nachempfunden wurde. Weiter geht es dann über die Mosel zur Opéra-Théâtre de Metz. Sie ist die älteste Oper in Frankreich, die noch in Betrieb ist. Sie wurde zwischen 1738 und 1752 in einer für das 18. Jahrhundert typischen Architektur errichtet. Dann kehre ich wieder zurück zur Innenstadt. Es ist gegen 13:00 Uhr, als ich über zwei Plätze mit Außengastronomie schlendere und erstaunt feststelle, dass fast jeder Stuhl belegt ist. Wann arbeiten die Franzosen eigentlich? In Anbetracht der Tatsache, dass diese Plätze bei meinem morgendlichen Besuch des Platzes schon ebenso voll waren, drängt sich mir diese Frage unweigerlich auf.

Weiter geht's zum Centre Pompidou-Metz, wo ich mir ein Museum der zeitgenössischen Kunst anschauen will. Doch dieses ist heute leider geschlossen. Somit trabe ich weiter zum Bahnhof, einem Prachtbau, welcher nach den Wünschen von Kaiser Wilhelm II. zu Beginn des 20. Jahrhunderts errichtet wurde. Hier sammele ich erstmal einige Informationen über den französischen Zugverkehr ein. Was ich zuerst feststelle, ist die Tatsache, dass es in Frankreich für einfahrende Züge kein fest zugeordnetes Gleis, sondern eine riesige Informationstafel in der Bahnhofshalle gibt, auf der dann angezeigt wird, Zug aus ABC, um DEF ankommend, fährt ein auf Gleis X. Überall stehen genügend Ticketautomaten herum, mit denen ich mich mal in aller Ruhe beschäftigen kann. Dabei erfahre ich, dass es von Metz oder von Tour (welches ja mein nächstliegendes Ziel ist) einen Zug gibt, der nach Luxemburg fährt und eine Umsteigemöglichkeit nach

Saarbrücken hat. Zu diesem Zeitpunkte weiß ich natürlich nicht, dass diese Information einmal sehr wichtig für mich sein wird.

Für mein heutiges Abendessen habe ich mir ein Restaurant ausgesucht, das an der Mosel liegt und auf dessen Speisekarte ich neben unaussprechlichen Gerichten auch ein Entrecôte mit Pommes entdecke. Da weißt du wenigstens, was du auf den Teller bekommst, sage ich mir und lasse mir zufrieden einen Platz zuweisen. Bei der Bestellung zücke ich meinen Sprachführer, dessen Ausführung ich sicherheitshalber noch gestenreich unterstreiche. Jetzt kann ja nichts mehr schief gehen, bin ich überzeugt und antworte auf eine Frage der Bedienung mit einem großmütigen „ Oui, oui!" Welch ein Fehlschluss! Nachdem ich das erste Stückchen Fleisch im Mund habe, glaube ich zu wissen, was die Bedienung mich gefragt hat. Sie wollte offenbar wissen, wie ich denn mein Entrecôte haben möchte. „Auf keinen Fall halb roh!", rufen Gaumen und Magen im Chor, doch jetzt ist es zu spät. Eigentlich mag ich nur durchgegartes Fleisch, aber der Hunger lässt mich auch diese Grillstufe probieren. Immerhin habe ich ja noch ein Bier zum Nachspülen!

Mittwoch, 15. April 2015 von Metz nach Pont-á-Mousson
33,0 km

Um 8:00 Uhr starte ich wieder einmal, ohne ein festes Ziel vor Augen zu haben. Bis Vandieres sind es ca. 26 Kilometer, aber hier soll es nur eine Unterkunftsmöglichkeit geben und bis Pont-á-Mousson müssen dann noch mal 7 Kilometer gewandert werden. Hier werden mir laut

Pilgerführer 5 Unterkünfte angeboten. Auch die weitere Etappenplanung ist etwas problematisch. Aber mal sehen, was der Tag so bring. Auf jeden Fall warmes (heißes) Wetter.

Zuerst wandere ich durch die Vororte von Metz Richtung Südwest und komme dabei am Fußballstadion von Metz vorbei. Ab hier folge ich nicht mehr der Pilgermuschel als Wegweiser, sondern den zwei liegenden gelben Rechtecken des Fernwanderweges Metz – Nancy. Und dieser führt mich meistens längs des Kanals. Es wird etwas eintönig und es geht immer geradeaus. Weitere solche Wegabschnitte werden heute noch folgen.

Nachdem ich einen Schrottplatz mit verrosteten Oldtimern passiert habe, erreiche ich Dornot, wo ich die Mosel verlasse. Nun geht es wieder steil bergauf. Dieser schweißtreibende Anstieg wird mit wunderbaren Panoramablicken auf das Moseltal belohnt. Hier oben treffe ich auf einmal ein Wanderpärchen, das gerade eine Pause an einer Wassertränke macht, wo die Frau sich ihre nackten Füße im Wasser kühlt. Neben den beiden stehen zwei große Travellerrucksäcke und ich nehme sofort an, dass die beiden auch Pilger sein könnten. Sie wären die ersten, die ich auf meinem diesjährigen Pilgerweg getroffen hätte. Leider ist es nicht so, wie ich dann erfahren muss. Sie sind lediglich auf einer Wanderung nach Nancy. Ich versuche noch der Frau zu erklären, dass es für die Haut an den Füßen nicht gut sei, wenn man diese jetzt ins Wasser hält. Ich glaube sie haben mein Kauderwelsch nicht verstanden und somit ziehe ich mit einen „Buen Camino" weiter. Hinter mir vielleicht kopfschüttelnde Franzosen: „Was wollte dieser Kerl eigentlich von uns?"

Nach Arnaville habe ich den ausgeschilderten Jakobsweg offenbar verloren, denn ich habe die Mosel nicht wie im Pilgerführer beschrieben überschritten, sondern bin auf der westlichen Seite des

Flusses geblieben. Somit wandere ich einen eintönigen, geschotterten Kanalweg Richtung Süden entlang, wobei mir die Sonne direkt ins Gesicht scheint. Als Zielpunkt, sehe ich vor mir eine Eisenbahnbrücke, die über die Mosel führt und mir in meiner jetzigen monotonen Wanderung etwas Abwechslung bringt, da ab und zu ein Zug über die Brücke fährt. Auf dem Kanal ist nämlich kein Schiff unterwegs, dem ich sonst hätte zuwinken können.

Also Augen zu und durch!

Um 15:30 Uhr erreiche ich die Ortsmitte von Vandières und bin erstmal etwas ratlos. Hier ist absolut tote Hose, keine Menschenseele ist unterwegs und nicht einmal ein Auto ist auf der Straße zu sehen. „Sollst du hier übernachten oder weiter marschieren bis Pont-á-Mousson?", frage ich mich. Das wären noch weitere 6,9 Kilometer. Da ich mich fit fühle, fällt die Entscheidung leicht. Ich werde weiter wandern, auch wenn jetzt ein sehr steiler Anstieg folgt. Es müssen immerhin 160 Höhenmeter überwunden werden. Nach dieser Quälerei werde ich allerdings durch einen wunderschönen Blick auf das Moseltal belohnt. Es geht weiter Richtung Süden. Nachdem ich einen Wald durchquert habe, stehe ich auf einer Kuppe und sehe vor mir mein heutiges Ziel, Pont-á-Mousson. Deutlich kann ich die Kirche St. Martin mit den zwei Türmen erkennen. Ab hier geht es wieder bergab ins Moseltal, aber ein Stückelchen muss ich noch wandern.

Im Pilgerführer werden mir fünf Übernachtungsmöglichkeiten mit Adressen angeboten, von denen ich mir eine ausgesucht habe. Nun stellt sich aber die Frage, wie ich diese finde, denn ein Stadtplan von Pont-á-Mousson ist im Pilgerführer nicht vorhanden. Nachdem ich das Ortseingangsschild passiert habe, sehe ich vor mir eine Apotheke und mein Gedanke ist sofort: "Hier wird dir bestimmt geholfen!" Und so ist es auch. Unter Zuhilfenahme meines Sprachführers versteht die freundliche Apothekerin meinen Wunsch sofort und streicht erstmal zwei Hotels von meiner Liste - meine Wunschunterkunft ist leider auch dabei. Wenn ich das richtig verstanden habe, existiert das eine Hotel nicht mehr und das andere hat noch Betriebsferien. Sie zeichnet mir eine Skizze mit Hauptstraße, Eisenbahn, Mosel und Kirche und wo dort die Hotels liegen, von denen sie mir eines besonders empfiehlt.

Mit diesem kleinen Stadtplan ausgestattet gehe ich weiter Richtung Stadtmitte und komme als erstes zum Bahnhof, wo ein erstes Hotel sein soll. Ich finde dieses auch sofort, aber als ich davor stehe, stutze ich erst mal gewaltig. Alles ist dunkel und sieht verschlossen aus. Auch das Umfeld ist dreckig und wirkt wenig einladend. Aber ich habe ja noch die Empfehlung der netten Apothekerin, also geht's weiter Richtung Innenstadt. Dabei überquere ich den Place Duroc mit seinen Arkadenhäusern im Renaissancestill und vielen Bars und Restaurants mit Außengastronomie. In Gedanken trinke ich schon ein kühles Bierchen und erfreue mich an einer leckeren Pizza. Diese Gedanken schiebe ich aber schnell zur Seite: „Erstmal ein Bettchen für diese Nacht finden!", ruft meine innere Stimme, denn mittlerweile ist es bereits 18:00 Uhr geworden und so spät bin ich bis jetzt noch nie auf einer Quartiersuche gewesen. Nachdem ich die Mosel überschritten habe und vor mir die Kirche St. Martin sehe, weiß ich an Hand des kleinen Stadtplanes, dass ich es jetzt nicht mehr weit habe. So ist es auch. Ich sehe das Hotelschild und betrete mit müden Beinen die Lobby. Da gerade ein anderer Gast mit Rollkoffer eincheckt, muss ich erstmal etwas warten. Ich nutze die Zeit, um mich etwas umzuschauen. Alles sieht nett und freundlich aus. Als ich dann dran bin, starte ich meine Anfrage zuerst auf Englisch und bekomme als Antwort: „Reserviert!" Dies muss ich natürlich verneinen und somit bekomme ich als Antwort: „Kein Zimmer mehr frei!" Jetzt rutscht mir mal wieder das Herz in die Hose, doch als der Rezeptionist mein verzweifeltes Gesicht sieht, hat er sofort eine

Lösung parat. Er greift zum Hörer, führt ein kurzes Gespräch und schon habe ich ein Zimmer im Hotel Européen. Er erklärt mir den Weg mit den Worten: „Immer der Hauptstraße entlang und nach 500 Metern kommt das Hotel."

Also mache ich mich frohen Mutes auf den Weg. Als nach einer viertel Stunde noch immer kein Hotel zu sehen ist, mache ich mir doch etwas Sorgen. „Hast du die Wegbeschreibung vielleicht doch nicht richtig verstanden?" Immerhin gehe ich jetzt entlang einer Ausfallstraße und links und rechts ist nur Wohnbebauung. Kein Anzeichen eines Hotels. Skeptisch spreche ich einen Passanten an, der mir zu meiner Erleichterung bestätigt, auf dem richtigen Weg zu sein. Ich laufe dann bestimmt noch weitere zehn Minuten bis ich ein Gewerbegebiet erreiche und endlich auch mein Hotel entdecke.

Der junge Herr an Rezeption erwartet mich schon und gibt mir meinen Zimmerschlüssel. Im Zimmer werfe ich mich erstmal lang auf das Bett und bin überglücklich, dass ich ein Kissen unter meinem Kopf habe. Dann starte ich mein vertrautes Ritual: Waschen, duschen und anrufen.

Endlich kann ich mich nun auch um meinen knurrenden Magen und die ausgedorrte Kehle kümmern. Der Durst ist mittlerweile mörderisch. Ich frage also den Herrn hinter der Theke nach einem in der Nähe befindlichen Restaurant, doch leider fällt seine Antwort negativ aus. Hier in der Nähe gibt es kein Restaurant oder ähnliches. Ich müsste wieder zurück zum Stadtzentrum. So stehe ich jetzt vor dem Hotel und überlege, was ich tun soll. Ich habe heute schließlich schon fast 34 Kilometer hinter mir und müsste jetzt noch mal fast 1,5 Kilometer ins Stadtzentrum gehen und diese dann auch wieder zurück. Allein die Vorstellung, jetzt nochmal loslaufen zu müssen, erscheint mir unerträglich. Außerdem ist es mittlerweile schon 19:00 Uhr. Während mir diese quälenden Gedanken durch den Kopf schießen, höre ich auf einmal ein mir vertrautes Geklapper. Werden da nicht Einkaufswagen zusammengeschoben? Ich gehe in Richtung der Geräusche, von wo aus mir nun auch der verführerische Duft von frischen Backwaren entgegen strömt. Nach wenigen Schritten stehe ich auch schon vor dem Schild eines auch in Deutschland bekannten Discounters. Das ist meine Rettung! Das Abendessen ist gesichert. Heute werde ich einfach mal preiswert essen und das Bier werde ich auch kalt bekommen.

Im Eingangsbereich steht ein Backautomat mit frischen Baguettes, von denen sofort eines in meinem Einkaufswagen landet. Das Bier finde ich auch sofort, und zwei Dosen gesellen sich gleich freudig zum Baguette. Jetzt muss ich erstmal überlegen. Was könnte ich denn dazu essen? Frikadellen vielleicht! Ab geht's zur Fleischtheke, doch hier gibt es die Frikadellen nur in Großpackungen zu 10 Stück. Ich habe zwar großen Hunger, aber diese werde ich nicht alle verdrücken können. Den Senf gibt's darüber hinaus auch nur in einer Riesentube. Ich schaue mich also nochmal weiter um. Da fällt mein Blick auf eine Schale Fleischsalat. Die ist wohl auch 500 Gramm schwer, aber das werde ich schon schaffen. Dazu nehme ich noch ein Stück Käse und ein Paar Weintrauben mit und schon habe ich mein heutiges Abendessen zusammengestellt.

Mit diesem Einkauf kehre ich zufrieden in mein Hotel zurück und fülle erstmal das Waschbecken mit kaltem Wasser, auf das mein Bier schön gekühlt werde. In dem Zimmer gibt es einen kleinen Tisch, den ich nun für mich decke. Heute kann ich auch zum ersten Mal, mein mitgenommenes Essbesteck benutzen. Nachdem eine Dose Bier genügend kalt ist, kann ich endlich meinem Heißhunger nachgeben. Gierig schlinge ich den Fleischsalat nebst Baguette in mich hinein, bis alles ratzeputz verspeist ist.

Jetzt muss ich mir noch überlegen, wie es morgen weitergehen soll, denn die nächsten Unterkunftsmöglichkeiten liegen für eine Etappenplanung von 25 bis 35 Kilometer sehr ungünstig. Der nächste Ort Dieulouard, der 8,5 Kilometer entfernt ist hat nur eine einzige Unterkunftsmöglichkeit, die aber nach den neusten Informationen geschlossen sein soll. Dann, nach weiteren 25 Kilometern erreicht man Liverdun mit zwei Unterkunftsmöglichkeiten, die beide aber jeweils einen Haken haben. Zum ersten ist dort ein Campingplatz, der aber nur zwischen Mai und September geöffnet ist, und im zweitem, dem Gite rual, kann man sich nur wochenweise einmieten. Also müsste ich wahrscheinlich noch mal 7,6 Kilometer weiter bis Villey-Saint-Etienne. Das hier befindliche Hotel ist ein höherwertiges, also teures, indem man auch nur ab zwei Tagen nächtigen kann. Bis dahin wären es dann 41 Kilometer und bis nach Toul noch mal 13 Kilometer. Solche Berechnungen gehen mir jetzt durch den Kopf.

Aber was Solls, die Entscheidung werde ich erst morgen fällen, jetzt wird erst mal Fußball geguckt, denn heute spielt Bayern München gegen FC Porto im Viertelfinale der Champions League und der Fernseher hat sogar deutsche Sender. Zur Halbzeit, das 2:1 für Porto steht (Endstand 3:1), bin ich so müde und kaputt, dass ich abschalte. (Ein Bayernfan bin ich beim besten Willen nicht!) und lege mich in die Waagerechte.

Es muss wohl nach Mitternacht sein, als ich auf einmal mit einem Gefühl wach werde, das sich erst langsam an die Oberfläche schiebt - ich muss wohl mal auf die Toilette gehen ... Dann geht es los. Ich explodiere!!!!!

Nachdem das Geschäft erledigt ist, denke ich zuerst, das war es erstmal und krabble wieder in mein Bett. Leider habe ich vergessen, Kohletabletten gegen Durchfall mitzunehmen und somit rumort der Magen weiter. Ich liege noch keine 5 Minuten im Bett, schon muss ich blitzschnell wieder die Toilette aufsuchen. So geht es in den nächsten Stunden unentwegt weiter. Im Halbschlaf wird mir eines klar: „Du musst jetzt eine Entscheidung fällen. Wie willst du deine heutige Etappe gestalten? Musst du sogar deine diesjährige Wanderung in Frage stellen?"

Folgende Gedanken schießen mir durch den Kopf.

Du bist jetzt durch den erlittenen Flüssigkeitsverlust sehr geschwächt und es liegt eine schwere, lange Etappe vor dir mit einer nicht eindeutigen Festlegung einer Übernachtungsmöglichkeit. Du könntest also hier in Pont-á-Mousson einen Erholungstag mit einer weiteren teuren Hotelübernachtung einlegen. Ein weiterer Gedanke folgt, denn das Portemonnaie fängt an zu streiken. Pilgern in Frankreich ist doch sehr teuer, bisher hat jeder Pilgertag mit fast 90,- € zu Buche geschlagen, denn ich konnte bis jetzt und werde auch auf der folgenden Etappe nur in Hotels übernachten können. Eine Alternative für eine Kostenreduktion wäre, die Etappenlängen auf 40 bis 50 Kilometer zu verlängern. Aber dies traue ich mir nicht zu.

Also entschließe ich mich, hier und jetzt abzubrechen, denn von hier aus kann ich direkt nach Deutschland zurückkehren. Wenn ich weiter wandere, muss ich mit dem Zug immer erst nach Paris fahren, um von dort aus nach Hause zu gelangen.

Dann ist noch folgender Punkt zu erwähnen; mein Rücken hat sich gemeldet. Ich war in den letzten Tagen stets froh, wenn ich abends den schweren Rucksack abstellen konnte. Es sind wohl keine großen Schmerzen, aber ich habe ein ungutes Gefühl.

Ein weiteres, ausschlaggebendes Argument für einen Abbruch:

Ich bin bis jetzt noch nicht richtig ins Pilgern gekommen. Es war bis jetzt nur eine teilweise langweilige Streckenwanderung ohne Kontakt mit anderen Pilgern.

Mit diesen Gedanken und der Entscheidung – Abbruch – bin ich dann wohl noch in den Morgenstunden eingeschlafen.

Donnerstag, 16. April 2015 Rückkehr nach Hause

Um 7:00 Uhr sitze ich am Frühstückstisch und versuche etwas zu essen. Ich bekomme nur ein bisschen trockenes Baguette mit Wasser herunter. Meinen schwarzen Tee kann ich nicht trinken und somit breche ich, nachdem ich noch mal eine Toilette aufgesucht habe, mit bangen Herzen Richtung Bahnhof auf. Es liegen jetzt erstmal ca. zwei Kilometer durch eine urbane Gegend ohne eine Toilette vor mir.

Schaffe ich das? Ja, ich habe es geschafft!

Um kurz nach 8:00 Uhr betrete ich die Bahnhofshalle und kann dem Fahrplan entnehmen, dass in 15 Minuten ein Zug in die gewünschte Richtung fährt. Also gehe ich schnell zum Ticketautomaten, wo ich dann leider feststellen muss, dass dessen Hinweise nur auf Französisch da stehen, im Gegensatz zu dem in Metz, wo ich verschiedene Sprachen einstellen konnte. Während ich am Automaten „herumspiele", betritt ein Bahnmitarbeiter die Halle und öffnet einen Ticketschalter. Ich bin natürlich sofort hin gestürmt und dieser freundliche Herr versteht sogar sofort meine Wünsche. Ich kaufe eine Bahnkarte bis nach Saarbrücken. Ich muss nur einmal in

Forbach umsteigen und bin dann etwas mehr als eine Stunde unterwegs.

Im Zug habe ich mir natürlich ein Plätzchen ausgesucht, welches in der Nähe einer Toilette liegt. Jetzt muss ich noch einen etwas unangenehmen Anruf tätigen und meiner besseren Hälfte mitteilen, dass ich auf dem Nachhauseweg bin. Sie ist erstmal sehr überrascht über meinen morgendlichen Anruf, weil sie dieses bisher nicht von mir gewohnt ist. Nach meiner Erklärung habe ich dann das Gefühl, sie freut sich doch, dass ich bald wieder Zu Hause bin.

Bei der Bahnfahrt mümmele ich ab und zu an meinem trockenen Baguette, aber eine Toilette brauche ich zum Glück nicht mehr aufsuchen.

In Saarbrücken kaufe ich mir ein Bahnticket bis nach Schwerte, wobei ich natürlich die preiswerteste (langsamste) Variante wähle, so dass ich erst kurz nach 18:00 in Schwerte eintreffe. Hier werde ich bereits sehnsüchtig erwartet und schon nach nur einer Woche Abwesenheit kann ich meine Frau wieder in die Arme nehmen. Ich habe das Gefühl, dass es mir jetzt immer besser geht und habe mittlerweile einen Riesenhunger. Kurzentschlossen gehen wir zu meinem Lieblingsgriechen, wo ich meine geliebten Lammgrillkoteletts genießen kann. Nach meinem zweiten Hövels beschließe ich dann, meinen anfangs gefassten Entschluss, von Zu Hause aus bis nach Santiago de Compostela zu wandern, aufzugeben.

Mein Ziel ist jetzt der „Camino Camino Francés", den ich für nächstes Jahr plane.

An diesem Abend weiß ich natürlich noch nicht, dass es noch ein ganzes Weilchen dauern wird, bis ich den Jakobsweg wieder in Angriff nehmen kann.

Neustart

Im Februar 2016 hatte ich dann einen Rückfall, die Rückenschmerzen waren nach einer anstrengenden, bückenden Arbeit zurückgekehrt. Jetzt musste noch etwas mehr getan werden, um meinen Traum verwirklichen zu können. Neben meiner gewohnten Krankengymnastik und Bestrahlung war ich noch dem Sportmedizinischen Trainingszentrum Kämmerling in Schwerte beigetreten, in dem ich mich auch heute noch fit halte. Dieses Zentrum bietet gezielte Bewegungstherapien, wie Wirbelsäulengymnastikkurse an, und stellt für die Rückenschulung spezielle Trainingsgeräte zur Verfügung. Ich besuche das Studio zwei Mal in der Woche.

Dank dieses Trainings ging es langsam aber sicher aufwärts, die Kondition kehrte wieder zurück. Leider musste ich im Oktober, bei einer Wanderung mit meinem 9 Kilogramm schweren Pilgerrucksack feststellen, dass ich ein solches Gewicht nicht mehr tragen kann. Während der Wanderung hatte ich zwar keine Schmerzen, aber nachdem ich den Rucksack am Ende abgenommen hatte, spürte ich ein „Unwohlsein" im Rücken. Es waren nicht die Schmerzen, die ich von den beiden Bandscheibenvorfällen kannte, aber mir war klar, wenn ich den Pilgerrucksack wochenlang jeden Tag tragen muss, werden die Schmerzen mit Sicherheit wieder zurückkehren.

Es musste also eine Alternative gesucht werden. Eine Möglichkeit wäre der Rucksacktransport, den es, wie ich wusste, auf dem Jakobsweg gibt. Aber dies sollte für mich erst mal die letzte Lösung sein. Es musste doch noch eine andere Möglichkeit geben …Plötzlich fiel es mir wie Schuppen von den Augen. Die Lösung meines Problems hatte ich beim Studieren des Pilgerführers doch schon immer vor Augen gehabt. Sobald man den Outdoor-Pilgerführer aufschlägt, ist auf der ersten Seite ein Pilger zu sehen, der eine Art Sackkarre hinter sich herzieht, oder wie es richtig heißt, einen Wanderwagen oder Pilgerkarren.

„Das ist die Lösung! Ich schaffe das!!! So einen musst du dir kaufen!", schoss es mir durch den Kopf und so ging ich mit neuem Schwung daran, meine Kondition weiter aufzubauen. Starten wollte ich den Camino Camino Francés dann im Frühjahr 2017, doch es sollte anders kommen. Der heilige Jakob wollte mich wohl noch nicht sehen, denn im Dezember 2016 bin ich unfreiwillig vom Fahrrad gestiegen und habe mir dabei den linken Knöchel gebrochen. Es folgte eine Operation, bei der eine Schiene in meinen Fuß eingebaut wurde. Sechs Wochen lang konnte ich nur mit Krücken laufen. Das ganze Training war für die Katz gewesen.

Sollte das das Ende meines Vorhabens sein? Nein! Ich lasse mich nicht unterkriegen, auf gar keinen Fall! Der Wandermönch von der Hohensyburg hat mir mein Ziel gezeigt und dieses möchte (will) ich auch erreichen!

Anfang März hatte ich dann wieder mit meinem Aufbautraining begonnen, mit Fahrradfahren, kurzen Wanderungen und Rückenschulung im Trainingszentrum Kämmerling. Es ging langsam aber sicher wieder aufwärts, so dass ich mich auf die Suche nach einer Pilgerkarre machte. Im Internet fand ich viele Angebote. Angefangen mit einer Bauanleitung für 60,-€ bis zu einem Expeditionswagen für 900,-€. Dieser war aus Leichtmetall und hatte sogar eine Handbremse. Soll es eine Karre sein mit einem kleinen oder großen Rad, mit ein oder zwei Rädern, mit einer Führungsstange oder zwei? Solche Fragen tauchten jetzt auf und wurden intensiv auf ihre Vor- und Nachteile abgewogen. Am Ende entschied ich mich für eine Karre mit 2 großen 16 Zollrädern, die einen Schlauch haben. Schlauchreifen sollen ja besser laufen, als Vollgummireifen, die ich auch als Bereifung haben könnte. Dass die Schlauchreifen mir noch so manchen Kummer bereiten würden, wusste ich damals noch nicht. Dafür hatte ich aber reichlich andere Erfahrungen gesammelt. Später etwas mehr über dieses Thema.

Als ich das gute Stück dann endlich zu Hause hatte, musste es sofort getestet werden. Habe mir dafür eine 30 Kilometer lange Wanderung mit reichlich Höhenmetern ausgesucht. Es sollte über die Dahler Höhen gehen.

Nach den ersten absolvierten Kilometern war ich total begeistert von meiner neuen Errungenschaft. Wenn der Weg eben und asphaltiert war, spürte ich die Last, die ich hinter mir herzog gar nicht mehr. Es konnte auch ruhig etwas bergauf und über einen wassergebundenen Waldweg gehen; ich hatte einen freien, schnellen Schritt, bin sogar fast gerannt. Mal schauen wie der Test weiter verläuft. Als es jedoch etwas steiler bergauf ging, merkte ich dann doch, dass ich ein Gepäckstück hinter mir herzog. Je steiler es wurde, desto mehr zog der 4,5 Kilogramm schwere Karren mich zurück. Dabei stellte ich auch das erste Manko des Karrens fest, der Hüftgürtel war zu schmal. An einem Wanderrucksack sind die Hüftgürtel doppelt so breit. Des Weiteren weitete sich der Federring, der den Hüftgürtel mit dem Gestänge verbindet. Damit hatte ich eigentlich gerechnet und hatte vorsorglich mehrere Karabiner mitgenommen. Im Großen und Ganzen läuft der Karren aber super. Seine großen Räder schlucken unproblematisch auch größere Unebenheiten, wie einem querliegenden Ast. Er rollt dahin, wo auch ich hingehe. Nur wenn man scharf abbiegt, sollte man einen Blick nach hinten werfen und die Karre dann mit dem Gestänge lenken. Später sollte ich jedoch noch einen Schwachpunkt entdecken. Ich folgte jetzt einen schmalen Trail, der links und rechts von Sträuchern und Brombeergestrüpp eingesäumt war. Als ich einmal ein kurzes Rucken bemerkte, ignorierte ich es leichtfertig. Was sollte schon sein. Erst nach 15 bis 20 Schritten merkte ich, dass ich meine Karre nur noch mit einer Stange zog und die Zweite in der Luft herumbaumelte. Was war da passiert? Jetzt muss man wissen, dass die 1,4 Meter lange Zugstange in zwei Teile geteilt ist und sie ja auch unten an den Korb befestigt werden muss. Diese Verbindungen werden mit Federschrauben gehalten. Sie haben den Vorteil, dass man die Verbindung schnell lösen kann. Jetzt war offenbar ein Ast in die Verbindung geraten, der diese Federschrauben gelöst hatte. Ich bin dann zurückgegangen, doch leider konnte ich die Federverbindung nicht wiederfinden. Ich wusste ja auch nicht genau, wo sich die Federschraube gelöst hatte. Das wirst du Zu Hause sofort ändern, beschloss ich und nahm mir vor, die Federschrauben durch Schrauben mit Muttern zu ersetzen.

Fazit des Tages: Der Test war erfolgreich. Ich hatte die Schwächen des Karrens erkannt, und konnte nun daran gehen, Abhilfe zu schaffen. Da war zum Beispiel der zu schmale Hüft Gurt. Dieses Problem konnte zum Glück ein Bekannter lösen. Er hatte früher Schneewanderungen gemacht, wobei er sein Gepäck auf einem Schlitten hinter sich herzog. Zu diesem Zweck hatte er einen breiten, gepolsterten Hüftgürtel angeschafft, der mir nun zugutekommen sollte. Es ist ein Superteil, das Gewichte bis zu 40 Kilogramm aushalten kann.

Meine Ausrüstung war somit komplett. Jetzt fehlte nur noch ein Termin. Im Herbst 2017 machte ich dann endlich Nägel mit Köpfen und buchte einen Rückflug von Santiago de Compostela nach Düsseldorf für den 24.Mai 2018. Wie ich nach Saint-Jean-Pied-de-Port, dem Startpunkt des Camino France komme, war mir von Anfang an klar, ich wollte mit dem Zug reisen. Den Starttermin wollte ich jetzt noch nicht festlegen, denn ich konnte meine Kondition noch nicht einschätzen, die ich dann im Frühjahr haben würde. Danach würden sich ja die Längen der einzelnen Etappen richten. Schaffe ich einen 25-Kilometerduchschnitt, was 33 Wandertage bedeuten würde? Oder kann ich sogar mit einem 30-Kilomterdurchschnitt rechnen? Das hieße, ich wäre bereits nach 27 Wandertagen am Ziel.

Mitte Januar 2018 kaufte ich dann die Eisenbahnfahrkarte von Dortmund nach Saint-Jean-Pied-de-Port für den 16. April 2018. Mit Umsteigen in Paris und Bayonne, wäre ich dann in zirka 12 Stunden an meinem Startort Saint-Jean-Pied-de-Port.

Einen kleinen Schreck musste ich vor meinem Start allerdings noch hinnehmen, denn Ende März verkündigte die französische Eisenbahnergewerkschaft einen dreimonatigen Streik - beginnend ab Anfang April. Musste ich das Bahnticket jetzt stornieren und mit dem Flugzeug nach Bayonne fliegen? Ich googelte erstmal eine Weile im Internet und fand dann auf der Homepage der französischen Eisenbahngesellschaft SNCF einen Streikkalender, in dem die Streiktage eingetragen waren. Demnach war am Montag meines Anreisetages kein Streik geplant und nach Aussage der Bahn würden die Streiktage durchaus eingehalten. Glück gehabt! Ich konnte also bei meiner ursprünglichen Planung bleiben.

Teil Drei meines Pilgerweges

Montag, 16. April 2018 Anreise nach Saint-Jean-Pied-de-Port

Um 4:52 Uhr startet der Thalys vom Dortmunder Hauptbahnhof Richtung Paris. Trotz der frühen Uhrzeit hat mich natürlich meine Frau zum Bahnhof gebracht. Ich bin richtig nervös. Ich kann keinen klaren Gedanken fassen, so dass ich ihren letzten Kuss für lange Zeit gar nicht richtig wahrgenommen habe.

Mein einziger Gedanke ist: „Jetzt geht es endlich wieder los!"

Mit einer irrsinnigen Geschwindigkeit rast der Zug dahin und ich erreiche den Gare du Nord um kurz vor 10:00 Uhr. Wie es in Paris üblich ist, muss man zu einem anderen Bahnhof gehen, wenn man weiter Richtung Süden fahren möchte. Ich habe mich natürlich vorher schlau gemacht, mit welcher Metrolinie ich fahren muss. Auf einem kleinen Spickzettel ist alles notiert: Linie 4 Richtung Montrouge (=Mairie de Montrouge), aussteigen in Montparnasse-Bienvenüe, und von dort zum Bahnhof Gare de Montparnasse. Dies würde 35 – 45 Minuten dauern. So gut vorbereitet steige ich frohen Mutes im Gare du Nord aus und reihe mich in den Strom der anderen Fahrgäste ein, die alle in eine Richtung gehen. Unterwegs halte ich nach einem Hinweisschild für die Metro Ausschau.

Schon bald erblicke ich ein großes eingekreistes „M". Nach einigen Minuten sehe ich das nächste Hinweisschild mit dem Metrozeichen und mit zwei Ziffern, eine 4 und eine 5. Nur leider ist die 4, mit der ich ja nach Montparnasse fahren muss, dick in Rot durchkreuzt. Habe ich das Hinweisschild für die Linie 4 vielleicht übersehen? Ich gehe zu dem ersten, gefundenen Metrohinweisschild zurück und achte dabei aufmerksam, doch leider vergeblich auf weitere Hinweise. Nun stehe ich wieder bei meinem Metroschild mit der durchgekreuzten 4. Was jetzt? Es besteht natürlich die Möglichkeit ein Taxi zu nehmen, aber ich habe jetzt noch fast 2 Stunden Zeit bis der Zug nach Bayonne abfährt, also lasse ich meinen Blick in der Bahnhofshalle schweifen und sehe auch den Eingang zur Metrostation 4., der jetzt allerdings mit einem Bauzaun versperrt ist. Daneben erblicke ich nun ein großes Hinweisschild, auf dem auf Französisch und Englisch erklärt wird, wie man von dort aus die Linie 4 erreicht. Eine Möglichkeit besteht darin, zuerst mit der Linie 5 zu fahren, um dann in einer anderen Metrostation in die Linie 4 umzusteigen. Dies sieht für mich erst Mal sehr kompliziert aus und so wähle ich den Fußweg nach Gare de l'Est. Der soll nur neun Minuten dauern. Ein kleiner Pfeil führt mich auch in einen Gang hinein, an dessen Ende ich zwei Treppen zur Auswahl habe. Allerdings gibt es keinen Pfeil, der mich evtl. in die richtige Richtung führen könnte. Ich entscheide mich spontan für die linke Treppe und hoffe, dass dies der richtige Weg ist, denn Treppensteigen mit der Karre ist doch etwas anstrengend. Oben angekommen stehe ich auf einem riesigen Platz und habe keine Ahnung, wie es jetzt weiter gehen soll. Nach einem langen Rundumblick spreche ich einen Passanten an: „Monsieur, Gare de l'Est?" Er sieht mich kurz an, bemerkt meine Karre und meinen verzweifelten Blick und zeigt in eine Richtung, die ich dankend sofort in Angriff nehme. An der Fußgängerampel einer Kreuzung stehend, sehe ich dann ein Richtungsschild für Autofahrer, das den Gare de l'Est anzeigt. Ich atme einmal kurz durch. Gott sei Dank, ich bin wieder auf dem richtigen Weg, auf meinem Jakobsweg. Nach einem kurzen Fußmarsch stehe ich vor einem imposanten Bauwerk, in das alle hineinströmen. Ich folge ihnen und sehe in der Halle sofort das Metroschild mit einer 4. Erleichtert steige ich, wie angezeigt, die Treppe hinab und erreiche eine weitere Halle. Angesichts der langen

Schlangen vor den Fahrkartenschaltern bin ich sehr froh, dass ich schon ein Metroticket besitze. Alles richtig gemacht! In diesem Moment weiß ich natürlich noch nicht, dass mich noch eine weitere Prüfung erwarten wird.

Ich gehe zu den Eingangsschleusen des Bahnsteiges, die sich als so schmal erweisen, dass ich meine Karre nicht vor mich her schieben kann. Wenn ich sie aber querstelle, müsste ich die Schleuse passieren können. Gesagt. Getan. Die Karre quer vor mich stellend stecke ich mein Ticket in den vorgegebenen Schlitz. Die Kontrollleuchte zeigt auch sofort grün an und ich drücke mit meiner Karre gegen das Drehkreuz, das sich sofort öffnet. Der Teufel steckt wie so oft im Detail, denn bevor ich meiner Karre folgen kann, dreht sich blitzschnell eine Stange des Drehkreuzes zwischen uns, sodass meine Karre jetzt auf dem Bahnsteig steht, während ich mich noch in der Halle befinde. Im ersten Moment bin ich total perplex. Ich kann mir doch jetzt kein zweites Ticket kaufen … Was mache ich nur? Doch meine innere Stimme beruhigt mich sofort. „Das schaffst du, denk nach!", und nach einem kurzen Rundumblick bin ich auch schon über die Drehkreuzbarriere geklettert. Keiner hat mich angesprochen. Keiner will etwas von dir. Das scheint hier wohl üblich zu sein. Ich trabte also weitere zum Bahnsteig, wo ich jetzt in aller Ruhe auf meine Linie 4 warten kann.

Im Gare de Montparnasse angekommen, habe ich noch fast eine Stunde Zeit bis mein Zug Richtung Bayonne abfährt, sodass ich entspannt das Treiben auf dem Bahnhof beobachten kann. Jetzt bemerke ich auch, wie enorm hoch die Sicherheitsmaßnahmen momentan in Frankreich sind. Alle 10 Minuten patrouillieren zwei Soldaten mit jeweils einer Maschinenpistole bewaffnet an mir vorbei. Man oh man, so was habe ich noch nicht in der Öffentlichkeit gesehen.

Kurz vor meiner Abfahrt gibt die Anzeigetafel an, von welchem Gleis mein Zug abfahren wird, und ich marschiere in diese Richtung. Bevor ich endgültig den Bahnsteig betreten kann, gibt es noch Mal eine Ticketkontrolle, bei der ein Kontrolleur mich zuerst nicht durchlassen will. Wenn ich die französisch/englische Ansprache richtig verstanden habe, verlangt er von mir noch ein Zusatzticket (Fahrradticket) für meine Karre. Ein älterer Bahnbeamter hat dann wohl meine Pilgermuschel entdeckt und winkt mich zum Glück durch. Auf dem Bahnsteig sehe ich dann zum ersten Mal auf meinem diesjährigen Pilgerweg, zwei andere Pilger. Ansprechen kann ich sie leider nicht, denn sie befinden sich gerade in einer dichten Menschentraube, die gerade den Zug besteigt. Ich gehe weiter bis zu einem Einstieg, an dem es nicht so voll ist. Ich bin der Letzte, der den Wagen betritt und somit habe ich das nächste Problem vor mir. Der Zug ist gut besetzt und das Gepäckabteil quillt schon über von Koffern. Wohin also mit meiner doch unförmigen Karre? Zwischen den Sitzen passt sie nicht, also lasse ich sie zu guter Letzt auf dem Gang stehen. Es hat auch keinem weiter gestört. Pünktlich um 16:00 Uhr komme ich dann in Bayonne an.

Jetzt fehlt nur noch ein Schritt (Weiterfahrt in 80 Minuten mit einem Regionalzug nach Saint-Jean-Pied-de-Port) und ich habe den Startpunkt meiner Pilgerreise erreicht. So einfach sollte das allerdings auch nicht sein. Als ich die Informationstafel in der Bahnhofshalle studiere, zeigt diese zwar eine pünktliche Verbindung nach Saint-Jean-Pied-de-Port an, aber anstatt eines Zuges fährt heute ein Bus. Aha, das dürfte kein Problem sein. Ich begebe mich also auf den Bahnhofsvorplatz, um die Abfahrtstelle des Busses zu erkunden. Nach etwas Sucherei finde ich auf der gegenüberliegenden Seite tatsächlich eine Bushaltestelle, doch gibt es hier keinen Hinweis für den Bus nach Saint-Jean-Pied-de-Port. Erleichtert sehe ich auf einmal jenes Pilgerpaar auf mich zukommen, das ich auf dem Pariser

Bahnhof kurz gesehen hatte. Auch zwei Suchende, denke ich erfreut, doch leider muss ich erfahren, dass die beiden, es sind Franzosen, von hier aus zu Fuß nach Saint-Jean-Pied-de-Port wandern wollen. Ich gehe also wieder Richtung Bahnhof und sehe auf einmal zwei Damen, die ich sofort als Pilgerinnen identifiziere. Auch sie gehen etwas ratlos hin-und her. Diesmal habe ich Glück. Die beiden sind Deutsche und wollen ebenfalls nach Saint-Jean-Pied-de-Port. Wir suchen dann zuerst einmal gemeinsam weiter. Nachdem wir keinen Hinweis für den Bus finden können, will eine von den beiden, noch mal in der Bahnhofshalle nachfragen. Dort ist ja ein Ticketschalter. Kurz darauf kommt sie auch schon mit der Auskunft zurück. Der Bus soll von dem linksliegenden Parkplatz abfahren.

Beim Studium des Pilgerführers hatte ich gelesen, dass man auch mit einem Taxi nach Saint-Jean-Pied-de-Port fahren könne, welches um die 50 Euro kosten würde und überlege nun, ob das nicht auch eine Option für uns wäre. Durch drei geteilt wäre der Preis durchaus akzeptabel. Da ich bei meiner Sucherei nach dem Busbahnsteig einen Taxistand gesehen hatte, vor dem nun auch gerade ein Wagen steht, mache ich den Damen diesen Vorschlag, dem sie auch erfreut zustimmen. Eine kurze Nachfrage bei der Taxifahrerin lässt das Vorhaben jedoch schnell wieder vergessen. Sie will 100 Euro für die Strecke haben. Das ist uns dann doch zu viel.

Jetzt haben wir noch reichlich Zeit bis der Bus kommt, und da sich mittlerweile ein sich steigerndes Hungergefühl bemerkbar macht, beschließen wir drei, uns in einer nahe gelegenen französischen Pommes Bude zu stärken. Unser erstes Pilgermenü besteht aus einem Döner mit Pommes und einer Cola. Uns Dreien hat es gut geschmeckt und da wir genügend Gesprächsstoff haben, verpassen wir am Ende beinahe noch den Bus.

Wir packen also rasch unsere Rucksäcke und machen uns auf den Weg zum Parkplatz. Schon von weitem sehen wir einen Reisebus, vor dem bereits weitere Pilger auf ihren Einstieg warten. Es kann also endlich weiter gehen auf meinem Jakobsweg. (Ich schaffe das!).

Da der Zug fahrplanmäßig nach einer Stunde Fahrzeit um 19:30 Uhr in Saint-Jean-Pied-de-Port ankommen sollte, wäre somit genügend Zeit für eine Quartiersuche da gewesen. Der Bus hingegen schlängelt sich jetzt langsam über eine schmale Straße bergauf und biegt, wann immer er eine Ortschaft erreicht, erst Mal von der Landstraße ab, um den Bahnhof anzufahren. Eine Stunde Fahrzeit ist mittlerweile längst vorbei und ich habe das Gefühl, dass ich mich meinem heutigen Ziel noch kaum genähert habe. *Hoffentlich finde ich für heute Nacht noch eine Unterkunft*, geht es mir sorgenvoll durch den Kopf. Gleichzeitig habe ich aber auch Hoffnung, da ja noch andere Pilger im Bus sind, und man in Saint-Jean-Pied-de-Port sicher weiß, dass der Zug ausgefallen ist und die neuen Pilger heute wohl später kommen.

Es wird bereits dunkel, als wir um 20:15 Uhr in Saint-Jean-Pied-de-Port ankommen. Jetzt liegt noch ein Fußmarsch vom Bahnhof zum Zentrum vor mir. Ich bin wieder einer der letzten, die sich in Marsch setzen, denn es dauert immer etwas bis meine Karre fahrbereit ist. Ein anderer Pilger, ein Landsmann, mit dem ich im Bus kurzen Kontakt hatte, wartet auf mich. Auf dem Weg zum Zentrum beschließen wir, uns gemeinsam eine Unterkunft zu suchen. Marc, so sein Name, braucht noch einen Pilgerpass und somit gehen wir erst mal zum Pilgerbüro.

Hier schon mal eine kleine Anmerkung: Mit Marc werde ich noch einen beeindruckenden, unvergesslichen Moment erleben. Dies weiß ich natürlich zu dieser Zeit noch nicht.

Im Pilgerbüro erhalten wir einen kleinen Stadtplan, in dem die Pilgerherbergen eingezeichnet sind. An der ersten, die wir ansteuern, steht am Eingang eine Frau, vermutlich die Herbergsmutter und empfängt uns mit den Worten:"Completto!" Also folgen wir den Hinweisen des Stadtplanes weiter bis zur nächsten Herberge. Hier steht die Eingangstür sperrangelweit auf und an der Rezeption warten auch schon drei andere Pilger. *Na hoffentlich bekommst du jetzt hier ein Bett,* denke ich bei mir, denn es ist ja bereits halb neun. *Hoffentlich müssen wir nicht noch weiter suchen!* Meine pessimistischen Gedanken sind zum Glück unbegründet (diese, mir eigene pessimistische Denkweise muss ich unbedingt ablegen. Im Nachhinein betrachtet denke ich, dass es mir auf meinem Jakobsweg auch weitestgehend gelungen ist), wir beide bekommen je ein Bett im selben Schlafsaal zu gewiesen. Als wir eintreten, stehen dort 5 Etagenbetten, von denen ich mir sogar ein unteres Bett aussuchen kann. Jetzt gilt es zum ersten Mal während meiner diesjährigen Pilgertour mein heutiges Reich einzurichten. Ich ziehe das Papierlaken auf die Matratze und den Papierüberzug über das Kopfkissen, breite den Schlafsack aus und lege schon mal die Kultursachen bereit. Unterdessen wird sich mit den anderen Gästen vertraut gemacht: „Wie heißt du? Woher kommst du?", auf Englisch, Deutsch und Französisch fliegen die Fragen nur so durch den Raum. In dieser ersten Herberge habe ich auch meinen ersten Australier kennengelernt.

Ich habe jetzt zwar keinen Hunger mehr, aber mein Durst meldet sich dafür umso intensiver. Obwohl in einer ¾ Stunde, also um 22:00 Uhr Bettruhe herrschen soll bzw. muss, beschließen Marc und ich, irgendwo noch ein Bierchen zu trinken. Eine Pilgerin, von der wir schon erfahren haben, dass sie in diesem Jahr zum dritten Mal den Jakobsweg macht, schließt sich uns an. Wir sind natürlich sehr gespannt, was uns, die, in unseren Augen höchst erfahrene Pilgerin, so zu erzählen hat.

Gerade noch rechtzeitig schaffen wir es in unsere Schlafsäcke zu kriechen.

Gespannt, wie ich diese erste Nacht zusammen mit vielen, anderen Menschen verbringen werde, schließe ich die Augen. Ich bin eigentlich ein sehr geräuschempfindlicher Mensch und habe mir deshalb für eine geruhsame Nacht spezielle Ohrstöpsel von einem Hörakustiker anpassen lassen und ich muss sagen, ich bin fast sofort eingeschlafen und erst um kurz nach 5:00 Uhr wieder aufgewacht, weil die ersten Pilger anfingen ihre Rucksäcke zu packen.

Dienstag, 17.April 2018 von Saint-Jean-Pied-de-Port nach Roncesvalles   26,6 km

Auf den Höhen der Pyrenäen

Eigentlich widerspricht diese Etappeneinteilung jeglicher Empfehlung für eine Streckenwanderung. Man soll ja erst mal schauen, was kann man sich so zutrauen? Wieviel Kilometer schaffe ich pro Wandertag?

Wie klappt es mit dem schweren Rucksack und so weiter und so fort. Aber der Camino Camino Francés startet sofort mit einer sogenannten Königsetappe. Auf insgesamt 27 Kilometer zuerst 1200 Höhenmeter hinauf und dann 400 Höhenmeter wieder bergab nach Roncesvalles. Des Weiteren gibt es auf den letzten 20 Kilometern keine Verpflegungsmöglichkeit, geschweige denn eine Übernachtungsmöglichkeit. Das heißt also früh starten und durch.

Aber zuerst einmal frühstücken. Im Frühstücksraum herrscht schon reichlich Betrieb und die Ersten sind wohl schon gestartet bzw. schultern ihren Rucksack, als Marc und ich unsere Baguettes schmieren. Hier ist Selbstbedienung angesagt. Ich werde schon etwas nervös und mir schießt der Gedanke durch den Kopf: „Du bist schon am ersten Tag zu spät dran!" Deshalb trinke ich nur eine Tasse Tee auf die Schnelle und schlinge ein halbes Baguette mit Marmelade herunter.

Trotzdem ist es noch dunkel, als ich zusammen mit Marc die ersten Schritte auf meinen diesjährigen Jakobsweg mache. Zügig verlassen wir mit anderen Pilgern den Ort Richtung Huntto. Für heute ist ja gutes Wanderwetter vorhergesagt und somit schlängelt sich eine ganze Pilgerkarawane über die „Route de Napoleon" in Richtung Pass.

Im aufkommenden Morgennebel geht es sofort bergauf. Ich kann mit den anderen Pilgern gut Schritt halten, denn der Karren rollt super über den Asphalt.

Nach ca. eine Stunde Marsch lacht die Sonne aus einem strahlend blauen Himmel herab, während die Talsohlen noch in Nebel gehüllt sind - ein toller Anblick. Nach etwa zwei Stunden fängt für mich dann zum ersten Mal die Quälerei an, derer noch viele folgen werden, denn jetzt verlässt der Jakobsweg die Straße und es geht steil bergauf über einen geschotterten Feldweg. Ich spüre hier jedes Steinchen, denn es verursacht stets einen kurzen Ruck im meinem Zuggeschirr. Jetzt werde ich ständig von anderen Pilgern, die ja mit Rucksack unterwegs sind, überholt. Marc bleibt tapfer neben mir, aber ich merke, dass er dabei angestrengt ein Hufescharren unterdrückt, also sage ich zu ihm: „Geh dein Tempo! Wir werden uns bestimmt irgendwo wiedersehen!" Diesen Satz, werde ich demnächst noch öfters zu ihm sagen.

Nach sieben Kilometern erreiche ich Orisson. Hier gibt es nochmal eine Pilgerherberge und damit auch die letzte Verpflegungsstation auf dem Weg nach Roncesvalles. Ich bin richtig hungrig, denn ich hatte heute Morgen ja nicht viel gegessen. Ich gönne mir ein großes Baguette mit Schinken und Käse und genieße von der Terrasse aus einen schönen Ausblick ins Tal. Dabei kann ich den Weg, den ich bis jetzt gewandert bin, nochmals verfolgen.

Die nächsten vier Kilometer komme ich zügig voran. Es geht zwar bergauf, aber der Karren rollt problemlos über eine Teerpiste, die durch eine baumlose Weidelandschaft bis auf 1100 Meter Meereshöhe führt. Hier an der Abzweigung nach Arneguy geht es jetzt über einen Wiesenweg weiter steil bergauf, womit die Quälerei aufs Neue beginnt. Nun werde ich wieder von jenen Pilgern überholt, an denen ich zuvor selber vorbeigerauscht war. Aber für die Anstrengung werde ich immer wieder mit tollen Ausblicken ins Tal belohnt. Um 13:00 Uhr erreiche ich die sagenumworbene Rolandsquelle und kurz dahinter zeigt ein großer Grenzstein, dass ich jetzt das spanische Navarra betrete. Dies ist natürlich ein besonderer Augenblick für mich als alten Vermesser. Ich habe seit meiner Lehrzeit schon so manchen Grenzstein gefunden.

Nach einem kurzen Flachstück fängt die Quälerei erneut an. Über eine Schotterpiste muss ich wieder steil bergauf wandern. Außerdem ist der Weg an manchen Stellen sehr matschig. Auch fließt eine Menge Schmelzwasser über den Pfad, denn hier oben liegt noch eine Menge Schnee, der jetzt in der Sonne schmilzt.

An dieser Stelle möchte ich eine kurze Geschichte einfügen, die ich erst später in Burgos erfahren habe. Hier hatte sich vor einer Woche ein kleines Drama ereignet. Auf dem Marktplatz von Burgos erzählte mir eine Pilgerin folgende Geschichte:

Als Startpunkt für ihre Pyrenäenüberquerung hätte sie sich Orisson ausgewählt, um dadurch schon Mal knappe 600 Höhenmeter zu sparen. Bei schlechten Wetterverhältnissen wäre sie mit einer Gruppe von 8 Pilgern Richtung Pass gestartet. Je höher sie gekommen sind, umso schlechter wurde das Wetter. In Orisson hätte es noch geregnet, jetzt schneite es und wurde immer kälter, weil ein eisiger Wind ihnen entgegen blies. Zwei Frauen aus der Gruppe hatten auf einmal die Kräfte verlassen. Sie konnten beim besten Willen nicht mehr weiter gehen und froren fürchterlich. Es wurde daraufhin die Bergrettung gerufen, die die Frauen mit zurück ins Tal nahm. Dabei erfuhren sie, dass die Route de Napoleon eigentlich wegen der schlechten Wetterverhältnisse gesperrt sei. (Diese Information hätten sie in der Pilgerherberge nicht erhalten.) Der Rest der Gruppe hatte es trotzdem geschafft, denn sie konnten noch auf die Alternativroute über die Landstraße ausweichen. Zu einem späteren Zeitpunkt klagte mir auch ein Amerikaner von seinem Leid bei der Passüberquerung. Die Wege wären so überflutet gewesen, das das eiskalte Schmelzwasser oben in seinen Schuh geflossen sei. Als er endlich seine Unterkunft erreicht hatte, wäre er vollkommen durchnässt gewesen und es hätte einen ganzen Tag gedauert, bis seine Kleidung wieder einigermaßen trocken war.

Was für ein Glück habe ich doch. Ich pilgere hier oben bei bestem Wanderwetter. Der heilige Jakob scheint mir wohl gesonnen zu sein!

Um 14:30 Uhr erreiche ich bei Collado Lepoede die Passhöhe von 1420 m, den höchsten Punkt meiner heutigen Wanderung. Hier oben auf der Wiese bin ich nicht der einzige Pilger, der eine Pause einlegt, denn auch alle anderen sind wohl ebenso erschöpft und bestimmt auch genauso glücklich wie ich, diese erste Herausforderung geschafft zu haben. Wir werden mit einem grandiosen Ausblick belohnt. Wenn man ganz genau hinschaut, kann man sogar die Dächer des Klosters von Roncesvalles erblicken. Dazu das herrliche Wetter, was will man mehr!

Von hier aus soll es nur noch bergab gehen. Ich muss allerdings erst Mal ein Schneebrett durchqueren, in dem die Karre immer wieder stecken bleibt. An einer Abzweigung wähle ich deshalb nicht den direkten, dafür sehr steilen Abstieg nach Roncesvalles, sondern die Alternativroute, die wohl etwas länger, aber bestimmt für mich mit meiner Karre im Rücken angenehmer ist.

Beim Abstieg überlege ich, ob ich nicht noch weiter, bis nach Espinal gehen sollte, denn in zwei Pilgerberichten hatte ich gelesen, dass deren Autoren von der Klosteranlage von Roncesvalles nicht sehr begeistert waren. Das wären dann zu meinen heutigen 27 Kilometern noch Mal 7 Kilometer mehr. Ich verwerfe diesen Gedanken jedoch. Man soll es ja nicht übertreiben. Als ich die hohe Begrenzungsmauer des Klosters erreiche, folge ich also sofort den Hinweisschildern zum Pilgerbüro und komme auch sofort dran. Ich buche gleich ein Pilgermenü und ein Frühstück für morgen, bevor ich mich mit der zugewiesenen Bettnummer in der Hand auf die Suche zu diesem begebe.

Jetzt muss ich mich erst Mal zu Recht finden. Es ist gar nicht so leicht, sich mit einer Karre in diesem riesigen Haus mit seinen 184 Betten zu bewegen. Nach einer kleinen Irrfahrt habe ich den richtigen Schafsaal gefunden und stehe vor meinem zugewiesenen Bett. „Da stimmt was nicht", ist mir sofort klar, als ich den ausgerollten Schlafsack, sowie einen vor dem Bett stehenden Rucksack sehe. Ich kontrolliere nochmal die Nummern von Schlafsaal und Bett, doch es bleibt dabei. Also geht's zurück zum Büro. Nachdem ein Hospaleros in den Belegungsplan geschaut hat, ist der Irrtum rasch erkannt. Eigentlich sollte das freie Nachbarbett belegt sein. Er begleitet mich zurück zu meinem Schlafsaal, wo ich nun das andere Bett in Besitz nehme. Eine Dame aus Korea hatte sich da wohl vertan.

Nachdem ich meine Wäsche gewaschen habe und geduscht bin, geht es auf Erkundungstour. Mal schauen wo man Wifi hat, um dann Nachhause anrufen zu können. Als ich beim Pilgerbüro vorbei komme, bin ich baff, denn jetzt steht hier eine lange Schlange von mindestens 50 Pilgern, die sich alle noch anmelden wollen. Das hast du ja heute mal wieder richtig gemacht, beglückwünsche ich mich. Man sollte immer verhältnismäßig früh eine Unterkunft suchen, dann kann man in Ruhe den Tag ausklingen lassen. Diesen Vorsatz würde ich auf meiner weiteren Pilgertour auch stets befolgen.

Während die anderen Pilger noch auf ein Bett warten, kann ich in Ruhe die Klosteranlage besichtigen. Die im 13. Jahrhundert erbaute Klosterkirche Santa Maria macht auf mich im Innern einen sehr dunklen Eindruck. Ein Denkmal erinnert an die Schlacht von Roncesvalles von 778, in der 30 000 Mann der Nachhut des Heeres von Karls des Großen, unter Führung von Roland, gefallen sind. Während meines Rundgangs versuche ich immer wieder Kontakt mit Zu Hause aufzunehmen. Es funktioniert einfach nicht über WiFi. Auch draußen habe ich zuerst keinen Empfang. Als es endlich klappt habe ich sofort meine Frau an der Strippe. Es ist fast Alles erzählt, da sehe ich auf einmal Marc über den Vorhof gehen. Schnell beende ich unser Gespräch und laufe Marc hinterher. Freudig begrüßen wir uns und schon werden die Tageserlebnisse ausgetauscht. Auch er hat ein

Pilgermenü bestellt, doch leider stellt sich heraus, dass er das Essen in einem Gasthof außerhalb des Klosters einnehmen muss. Ich habe einen Essensgutschein für das Hotel, das innerhalb des Klosters liegt. An einer großen Tafel ist hier für 20 Pilger gedeckt. Ich bin sehr gespannt auf mein erstes Pilgermenü. Das Angebot erstaunt mich. Man darf sich gleich aus mehreren Vorspeisen etwas aussuchen, bevor man im Hauptgang zwischen Schwein, Huhn oder Fisch entscheiden kann. Auch bei der Nachspeise gibt es mehrere Wahlmöglichkeiten. Des Weiteren stehen mehrere Flaschen Tinto und Wasser auf dem Tisch, und wenn diese leer sind, werden augenblicklich neue nachgereicht. Ich wähle für den ersten Gang Spahgetti mit Bolognese und glaube meinen Augen nicht zu trauen, als der Teller vor mir abgestellt wird. Da werde ich ja schon von der Vorspeise satt! Hier weiß man wohl, wie hungrig die Pilger sind, nachdem sie den Gewaltmarsch über die Pyrenäen geschafft haben. Als Hauptgang esse ich eine leckere, gegrillte Forelle und den Abschluss bildet ein köstliches Eis. Während der ganzen Spachtelei spreche ich immer wieder dem guten Tinto zu. Die Gespräche gehen natürlich auch hier wieder hin und her, mal auf Englisch, mal auf Deutsch: „Woher kommst du? Was hast du dir vorgenommen? ..." Und so weiter und so fort! In Erinnerung bleibt mir eine ältere Dame aus Wien. Sie sagte, sie sei 76 Jahre alt und möchte in zwei Monaten in Santiago de Compostela sein. Respekt, Respekt!

Nach diesem lustigen Nachtmahl begebe ich mich etwas angeheitert in mein Bettchen.

Mittwoch, 18. April 2018 von Roncesvalles nach Larrasoana
26,1 km

Eines meiner heutigen Hindernisse. Wie eine Schubkarre schiebend, habe ich diese Treppe mit meiner Karre bergab gemeistert.

Marc und ich starten heute Morgen um 7:20 Uhr. Am Ortsende von Roncesvalles bestätigt uns das mittelalterliche Pilgerkreuz Cruz de Peregrinos, dass wir auf dem richtigen Weg sind. Nach einer halben Stunde erreichen wir einen kleinen Supermarkt, in dem ich ein Baguette und Käse für mein heutiges Mittagessen kaufe. Dazu kommen noch ein Apfel und zwei Bananen. Ich habe mir vorgenommen, jeden Tag eine Banane zu essen, um Muskelkrämpfen wegen Magnesiummangels vorzubeugen. Ob es hilft werde ich sehen.

Hier eine kurze Anmerkung zu Marcs Schuhen. Die meisten Pilger, so auch ich, wandern mit knöchelhohen Wanderschuhen. Andere, insbesondere jüngere, haben Joggingschuhe an, aber Marc übertrifft sie alle. Er trägt lediglich Leinenschühchen mit einer dünnen Sohle, eine Art Kletterschuhe. Er meint, er müsse die Erde spüren über der er pilgert.

Nach einer Stunde gemeinsamen Gehens verabschiede ich mich wieder mit den Worten „Wir sehen uns!", von Marc, denn er hat ja ein schnelleres Wandertempo.

Heute ist mein Weg mit einigen Hindernissen gespickt. Einmal ist der Steg über einem Bach zu schmal, doch es dauert nicht lange, schon kommt ein weiterer Pilger und schnappt sich meine Karre, sodass wir sie gemeinsam über den Bach tragen können. Ein andermal ist nur ein Baumstamm mit einem wackligen Geländer für eine Bachüberquerung vorhanden, doch auch dieses Hindernis schaffe ich ebenso souverän, wie eine lange, steile Treppe. In letzterem Fall muss ich die Karre vor mir die Treppe herunter hoppeln lassen.

Apropos Karre!

Ich bin der Star des Caminos!!!

Ich werde immer wieder wegen meiner Karre angesprochen. Wie klappt es mit der? Warum pilgere ich mit der Karre? Wie schwer ist sie? Und so weiter und so fort. Und immer wieder werde ich fotografiert. Ich werde wohl in der ganzen Welt bei den Foto Shows zu sehen sein, ob in Australien, in Asien oder Amerika, immer wieder muss ich in eine Kamera winken.

Nachdem ich den sehr steilen und matschigen Abstieg nach Zubiri gemeistert habe, geht es jetzt meistens nur leicht bergab. Kurzzeitig wird die schöne Landschaft durch einen hässlichen Industriekomplex, das Magnesit-Werk Magma, gestört. Um 16:00 Uhr erreiche ich Larrasoana und schlage in der Herberge „San Nicolas" mein heutiges Nachtlager auf.

Neben meinem schon eingespielten Ritual, Waschen, Duschen und Anrufen kommt jetzt noch ein weiterer Punkt hinzu. Sobald man sein Bett belegt hat, sucht man sich zuerst die nächste freie Steckdose zum Aufladen seines Smartphones. Manchmal gibt es genügend Steckdosen, doch oftmals sind diese doch sehr begrenzt. Häufig musste auch noch eine Powerbank aufgeladen werden, denn viele meiner jüngeren Mitpilger (insbesondere die asiatischen) müssen abends im Bett noch ein Spielchen machen oder einen Film angucken. In einem Schlafsaal mit über 50 Betten, gab es einmal nur ganze 4 Steckdosen. Ich hatte dann das Smartphone zum kurzfristigen Aufladen zum Zähneputzen mitgenommen.

Die Pilgerherberge ist schon gut belegt und so muss ich mir zum Trocknen meiner Wäsche schon ein freies Plätzchen auf der Wäscheleine suchen. Auch auf der Terrasse sind alle Schattenplätze besetzt. Ich lausche in die Runde, wo deutsch gesprochen wird und frage kurz, ob ich mich dazu setzten darf. Natürlich werde ich gerne in die Runde aufgenommen, denn man ist ja auch gespannt, was unsereins zu erzählen hat.

Überrascht schaue ich kurz darauf auf, als Marc plötzlich um die Ecke biegt. Dass wir uns hier wieder treffen, war nicht abgesprochen. Wie klein doch die Welt ist.

Beim gemeinsamen Pilgermenü genehmige ich mir gleich zwei Mal Nachschlag. Ich glaube, ich habe sechs bis sieben Schnitzel (die waren natürlich klein) gegessen und auch wieder reichlich beim Tinto zugesprochen. Schön ist es hier. Besser kann es einem nicht gehen!

Donnerstag, 19. April 2018 von Larrasoana nach Pamplona
14,6 km

Für heute habe ich nur eine kurze Etappe bis Pamplona geplant, denn ich will in der Pilgerherberge „Casa Paderborn" übernachten, die von dem „Freundeskreis der Jakobspilger Paderborn" geführt wird, und deren Mitglied ich bin.

Heute Morgen bin ich um 7:00 Uhr mit Marc ohne Frühstück gestartet. Das Wetter ist gut und wir beide gehen flotten Schrittes Richtung Pamplona. Nach etwa zwei Stunden Marsch merke ich, dass dieses Tempo zu schnell für mich ist und somit verabschieden wir uns wieder mit den Worten: „Wir sehen uns! Buen Camino!" Im Nachhinein kann ich ja sagen, dieser Wunsch wurde uns beiden leider nicht so schnell erfüllt.

Hinter Zabaldika muss ich einen schwierigen Wegabschnitt überwinden. Ein sehr schmaler Pfad führt oberhalb des Rio Arga, längs eines Hanges, so dass meine Karre schräg rollt, weil beide Räder nicht auf den eigentlichen Pfad passen. Immer wieder muss ich die Richtung korrigieren, und ab und zu das Rad gar durch Büsche zerren.

Als ich die ersten Ausläufer von Pamplona erreicht habe, merke ich auf einmal, dass meine Karre unrund läuft. Ich schaue nach und muss feststellen, dass das rechte Rad einen Platten hat. *Verdammt!* Damit habe ich beim besten Willen nicht gerechnet. Da ich aber Flickzeug und einen Ersatzschlauch dabei habe, mache ich mir erstmal keine großen Sorgen. Den Fluss Arga habe ich schon erreicht und somit ist es bis zu meinem heutigen Ziel, der „Casa Paderborn" nicht mehr weit. Dort kann ich ja dann mit Ruhe den Schlauch flicken.

Um 12:00 Uhr habe ich die Herberge bereits erreicht, kann aber noch nicht einchecken, weil sie erst in einer Stunde öffnet. Ich setze mich also erst mal auf die Terrasse, die, wie ich später hören sollte, zehn Tage zuvor überschwemmt wurde. Auch ein Keller war dabei vollgelaufen.

Nachdem ich etwas später mein heutiges Bettchen in Besitz genommen habe, heißt es erst Mal das kleine Malheur zu beseitigen. Ich leihe mir eine Schüssel mit Wasser aus und gehe auf der Terrasse frisch ans Werk. Nachdem ich das Rad abmontiert habe, nehme ich den Schlauch aus dem Mantel und kann den kleinen Übeltäter auch schnell entdecken und mit einer Pinzette einfach entfernen. Frohen Mutes geht es ans Flicken, doch danach fangen die Probleme an.

Nachdem ich den reparierten Schlauch und den Mantel wieder auf die Radfelge gezogen habe, kann ich mit meiner kleinen Luftpumpe nicht genügend Luftdruck erzeugen. Wegen der Gewichtsersparnis habe ich nämlich nur eine kurze Teleskopluftpumpe mitgenommen. Des Weiteren rutscht das Ventil des Schlauches immer wieder ins Innere. Es fehlt hier eine Feststellmutter für das Ventil. Ich frage also erst mal die Herbergsmutter, ob sie eine große Luftpumpe habe und sie rät mir, ich solle mal in der Fundkiste nachschauen, in der Sachen gesammelt werden, die Pilger vergessen haben. Es ist natürlich keine vorhanden, doch es gibt ja noch andere Alternativen. Das Ventil des Schlauches ist ja ein Autoventil und somit muss ich nur zu einer Tankstelle gehen, um dort meinen Reifen aufpumpen zu können. Leider liegen die Tankstellen etwas außerhalb der City, aber was soll es, etwas Luft ist ja auf dem Reifen und somit mache ich mich mit Karre auf den Weg zur nächsten Tankstelle. Die ungefähre Richtung kenne ich, denn ich habe ja Google Maps.

Auf dem Weg dorthin, sehe ich auf einmal vier, fünf Jugendliche herumstehen, die mit ihren Fahrrädern unterwegs sind. „Einer von denen hat doch bestimmt eine Luftpumpe dabei", vermute ich, und so spreche ich sie auch gleich an. Nach einigem Hin und Her, haben sie mich zwar verstanden, doch meine Hoffnung ist leider vergebens. Dafür erhalte ich eine Wegbeschreibung zur nächsten Tankstelle, die mir jedoch ein großes Fragezeichen ins Gesicht zeichnet. Der Mischung aus spanisch und englisch kann ich einfach nicht folgen. Einer der Jugendlichen hat zum Glück Erbarmen mit mir. "Come on!", winkt er mir zu und führt mich kreuz und quer durch einen Park bis wir eine breite Straße erreichen, an der ich schon von weitem eine Tankstelle ausmachen kann. Dankbar will ich mich schon von ihm verabschieden, doch er bleibt noch bei mir, bis wir sie erreicht haben. Das ist auch gut so, denn an dieser Tankstelle gibt es nur Zapfsäulen, was mir natürlich nicht weiter hilft. Wie selbstverständlich führt mich der Junge also weiter zur nächsten Tankstelle, an der ich erleichtert eine Pumpstation entdecke. Ich bin schon wieder happy, aber es soll noch nicht zum glücklichen Abschluss kommen, denn der Pumpanschluss erweist sich als zu groß für mein Schlauchventil. Mein Retter holt schnell den Tankwart und gemeinsam können wir mit viel drücken und pressen, meinen Schlauch endlich aufpumpen. Ich bin überglücklich. Nach dem Abklatschen und Bedanken, will der Jugendliche mich noch zurückbringen, doch das kann ich ihm ausreden. Wo ein Vermesser einmal hergegangen ist, den Weg findet er immer wieder.

Zurück in der Herberge werfe ich einen kurzen Blick auf meine kleine Luftpumpe und beschließe, eine vernünftige zu besorgen. Dieses Ding ist schließlich völlig nutzlos, und dass es nicht an jeder Ecke eine geeignete Tankstelle gibt, habe ich ja heute erfahren. Aber hier in Pamplona bist du ja in einer Stadt, sage ich mir. Hier gibt es doch bestimmt ein Fahrradgeschäft. Der Hospitalero kann mir in diesem Fall jedoch nicht weiterhelfen, aber wofür habe ich ein Smartphone mit Google Maps mitgenommen? Und siehe da, es zeigt mir tatsächlich ein Fahrradgeschäft an. Es liegt etwa drei Kilometer von meinem jetzigen Standort entfernt. Das Geschäft hat auch geöffnet und somit lasse ich die für heute Nachmittag geplante Stadtbesichtigung ausfallen und begebe mich auf den Weg dorthin. Anstelle der Sehenswürdigkeiten bekomme ich nun andere Teile von Pamplona zu sehen, die anderen Pilgern entgehen - normale europäische Innenstadtbebauung. Nach einer Stunde Fußmarsch stehe ich vor einem kleinen Fahrradladen, in dem ich sofort eine normal lange Fahrradpumpe in einem Regal liegen sehe. Jetzt muss ich dem Verkäufer nur noch erklären, dass ich einen Anschluss für ein Autoventil haben möchte, doch das erweist sich als recht einfach und ich bin überglücklich, nun auch dieses Problem beseitigt zu haben. Heiliger Jakob ich komme!

Jetzt ist noch genügend Zeit für eine kurze Stadtbesichtigung. Leider ist die Kathedrale schon geschlossen, so kann ich den gotischen Baustil nur von außen bewundern. Ich spaziere durch die Calle Estafeta, durch die während des San-Fermin-Festes die Stiere und die Stierläufer Richtung Stierkampfarena rennen. An einem kleinen Platz vor dem alten Rathaus stelle ich mir in einer Bar einen großen Tapas-Teller zusammen, den ich dann draußen auf dem Platz mit einem großen Bier genieße.

Zurück in meiner Herberge gilt mein erster Blick natürlich der Karre. Der geflickte Reifen fühlt sich immer noch fest und prall gefüllt an. Morgen früh kann es also wieder frohen Mutes losgehen.

Da alle sechs Betten in meinem Schlafsaal belegt sind, ist für Unterhaltung gut gesorgt. Einer meiner Mitschläfer humpelt und klagt sein Leid. Auch er war von Saint-Jean-Pied-de-Port gestartet und hatte sich sofort am ersten Tag unter den Hacken eine Blase gelaufen. Das Compeed-Pflaster, welches er sich auf die Blase geklebt hatte, habe ihn dann aber irgendwann mal gestört und er hätte es abgerissen. Ich schüttele innerlich den Kopf. Wie kann man nur. In jedem Pilgerführer steht, dass das Pflaster so lange drauf bleiben muss, bis es selber abfällt. Heute Vormittag war er sogar im Krankenhaus, wo man ihn dann verarztet und mit einem 3-tägigen Wanderverbot entlassen hat.

Ein anderer Pilger erzählt, dass er auf seiner Pilgertour ganz auf elektronische Geräte wie Handy oder Smartphone verzichte. Nicht einmal einen Fotoapparat habe er mitgenommen. Als Erinnerung wolle er sich Ansichtskarten kaufen.

Ich bin jedenfalls froh, dass ich mein kleines, elektronisches Helferlein dabei habe, denn ohne das würde ich jetzt nicht so entspannt einschlafen.

Freitag, 20. April 2018 von Pamplona nach Maneru

32,1 km

Heute kann ich sehr früh starten, denn Frühstück gibt es bereits ab 6:00 Uhr, und das sogar in besinnlicher Atmosphäre. Zu kirchlicher Musik aus dem CD-Player sorgt auf jedem Tisch eine brennende Kerze für entsprechende Stimmung. Während die Tische bereits mit Marmelade, Wurst und Käse gedeckt sind, werden wir Pilger von den Hospitaleros mit Kaffee oder Tee sowie Toastbrot versorgt. First Class. Jeder Pilger wird vor seinem Aufbruch nochmal herzlichst umarmt und mit einem freundlichen „Buen Camino" verabschiedet.

Noch im Dunkeln verlasse ich Pamplona, die Stadt Hemingways, durch einen großen Park mit einer riesigen Zitadelle, einem Festungsbau aus dem 16. Jahrhundert.

Nachdem ich die Ortschaft Cizur Menor durchquert habe, geht es wieder stetig bergauf bis ich um 11:00 Uhr die Passhöhe Puerto del Perdon mit 734 m erreiche. Hier oben erwartet mich eine Pilgerkarawane, bestehend aus Kindern, Frauen, Männern und Eseln – allesamt aus Metall.

Neben anderen Pilgern, die ebenfalls Fotos von dem Kunstwerk machen, lege auch ich hier eine Pause ein. Wir alle genießen den fantastischen Rundumblick. Beim Blick zurück Richtung Pamplona, kann ich teilweise den Weg erkennen, den ich vor Stunden gewandert bin und weit im Hintergrund sehe ich sogar die Gipfel der Pyrenäen. Nach vorne, Richtung Südwesten schauend, erblicke ich die weiten Felder der Navarra, die bis nach Puente la Reina, meinem nächsten Ziel reichen.

Jetzt heißt es aber sich von diesen grandiosen Ausblicken zu trennen und sich wieder zu konzentrieren, denn jetzt muss ich einen sehr steilen und äußerst steinigen Weg hinab nach Uterga gehen. Die Karre holpert über kleine und große Kieselsteine hinweg, von denen ständig weitere nachrutschen. Hier soll es schon einige gefährliche Stürze gegeben haben. Ein solcher ist offenbar auch einer Frau zugestoßen, denn als ich unterwegs ein Paar überhole, schleppt der Mann sich mit zwei Rucksäcken ab, während die Frau sich humpelnd langsam nach unten quält. Nachdem mein Hilfsangebot freundlich abgewiesen wurde, (ich glaube dem Mann war es schon peinlich, immer wieder angesprochen zu werden), taste auch ich mich langsam, aber sicher bergabwärts.

Als der Weg endlich angenehmer wird, beschließe ich, erstmal eine Pause einzulegen und mein Mittagessen einzunehmen. Ich habe sogar Glück und finde eine Bank. Nachdem ich meine Brotzeit, bestehend aus Käse mit Baguette und einem Apfel ausgepackt habe, setzten sich zwei anderer Pilger mit der gleichen Idee zu mir. Wie ich später erfahren sollte, sind die Beiden zwei italische Carabinieri aus Genua, denen ich dann auf meinen weiteren Pilgerweg immer wieder begegnen werde.

Jetzt heißt es weiter nach Puente la Reina mit seiner berühmten Brücke über den Arga. Diese elegante Steinbrücke, die im 11. Jahrhundert von der Königin von Navarra erbaut wurde, um den Pilgern die Flussüberquerung der Arga zu erleichtern, ist ein echtes Wahrzeichen des Jakobsweges. Seit ich beschlossen habe, den Jakobsweg zu machen, habe ich auf meinem Laptop, ein Foto dieser Brücke als Hintergrundbild. Jedes Mal, wenn ich meinen Computer hochfuhr, sah ich die Brücke, die mich an mein Vorhaben erinnerte. Gleich ist es so weit und ich werde dieses, mein erstes gesetztes Ziel erreichen.

Es ist früher Nachmittag, als ich die Brücke mit stolzen Schritten überquere, und mir kommen zum ersten Mal auf meinem Jakobsweg die Tränen. Erst jetzt wird mir offenbar bewusst, dass ich tatsächlich auf dem Weg bin. Ich muss tief durchatmen und wieder kommt mir der Gedanke: „Ich schaffe das!"

Auf der anderen Uferseite versuche ich dann, die Brücke von der gleichen Position aus zu fotografieren, wie damals der Fotograf meines Hintergrundbildes.

Nach diesem emotionalen Höhepunkt sind es jetzt noch schlappe vier Kilometer bis nach Maneru, meinem heutigen Etappenziel. Das ist in einer Stunde erledigt, denke ich bei mir, doch ich werde eines

Besseren belehrt. Laut Pilgerführer soll es steil bergauf gehen, aber dass es so steil ist, damit habe ich nicht gerechnet. Meine Schrittlänge beträgt vielleicht nur noch knappe 40 Zentimeter. Ich quäle mich fast eine ganze Stunde lang den Berg hinauf. Die Karre will mich immer wieder nach unten ziehen. Dabei brennt die Sonne mörderisch vom Himmel und lässt den Schweiß in Strömen fließen. Um 16:00 Uhr habe ich endlich Maneru erreicht und in der Albergue de Peregrinos ein Bett bekommen. Bevor es ans Auspacken geht, trinke ich erstmal einen halben Liter Kühles. Das hat nach der heutigen Anstrengung ganz besonders geschmeckt.

Auf dem Weg zum Schlafsaal komme ich an der Rezeption vorbei, wo gerade ein wahrer Hüne eincheckt. Er ist wenigstens 1Meter 90 groß und hat ein Kreuz wie ein Ringer. Das Besondere an ihm ist allerdings sein Begleiter, ein Blindenhund. Wie ich später erfahre, ist der Mann Slowene und hat nur noch 10% Sehkraft. Sein sehnlichster Wunsch sei es gewesen, auch nach Santiago de Compostela zu pilgern und davon lasse er sich auch nicht abbringen. Als Hilfe habe er ja seinen Hund, der eine Glocke trägt und ihm den Weg im Nahbereich zeigt. Der Hund kann natürlich nicht die Wegweiser erkennen oder erschnüffeln, daher habe er ein hochgenaues GPS-Gerät mit einem Track, der ihm akustisch den Weg weist. Wie genau das funktioniert, habe ich dann am nächsten Tag erlebt. Ich werde dies im Abschnitt von morgen erzählen.

Nachdem ich mein Ritual WDA (nochmals erklärt: Waschen, Duschen und Anrufen) erledigt habe, setze ich mich mit einem weiteren Bier an einen Tisch vor der Herberge, um die heutigen Erlebnisse in mein Tagebuch nieder zuschreiben. Da kommt auf einmal das österreichische Paar vorbei, welches ich schon öfters gesehen und gesprochen habe. Der Mann hat zum Beispiel, das Foto von mir oben auf der Passhöhe der Pyrenäen gemacht. Diesen Pilger muss ich auch noch beschreiben. Er pilgert mit langen Langlaufstöcken, die bis zur Schulter reichen, und er hat sogenannten Zehenschuhen an. Auch jetzt will er mich überzeugen, dass es für mich besser wäre mit zwei Wanderstöcken zu gehen. Ich gehe nämlich nur mit einen, der mich wirklich beim bergauf gehen unterstützt. Er will nicht verstehen, dass ich meine freie linke Hand immer mal wieder zur Steuerung meiner hinterherlaufenden Karre benutzen muss. Diese Begegnung mit den beiden war leider die letzte. Schade, denn sie sind ein nettes Paar.

Hier, in dieser Pilgerherberge, wird wieder ein Pilgermenü angeboten. Eine kurze Anmerkung zu den Pilgermenüs, die ich bisher genießen durfte bzw. noch essen werde. Sie haben immer geschmeckt (mit einer Ausnahme) und waren dabei sehr reichhaltig. Sie bestanden stets aus einer Vorspeise, einem Hauptgang und einem Dessert, wobei man immer noch eine Auswahl hatte, ob Suppe oder Salat, ob Fisch oder Hähnchen, ob Jogurt oder Obst. Dazu gab es stets Wasser und Rotwein (Tinto), wobei leere Flaschen umgehend wieder gegen volle ausgetauscht wurden. Das Alles gab es zu einem Preis von 9 bis 11 Euro. In der Nähe von Santiago de Compostela wurde es allerdings etwas teurer, zwischen 11Euro und 13 Euro. Für ein Frühstück, bestehend aus Tee und getoastetem Baguette mit Marmelade habe ich meistens 2,5 Euro bis 3,5 Euro bezahlt.

Mit folgendem Gedanken schlafe ich dann ein: Hoffentlich hält der Heilige St. Jakob auch weiterhin seinen Daumen auf meinen Fahrradflicken, denn der Schlauch ist immer noch prall gefüllt.

Samstag, 21.April 2018 von Maneru nach Villamayor de Monjardin
27,4 km

Heute Morgen bin ich noch im Dunkeln und (fast) ohne Frühstück gestartet und ich schätze, dass ich die ersten hundert Kilometer meines diesjährigen Pilgerweges um kurz nach 8:00 Uhr geschafft haben werde.

Nach Verlassen des Dorfes, führt mich der Weg jetzt durch die ersten Weinberge und Olivenhaine von Navarra, dessen Wein ich in den letzten Tagen immer gut zu gesprochen habe. Vor mir, auf einem Hügel erbaut, liegt Cirauqui, ein wundervoller Anblick. Durch zahlreiche, verwinkelte Gässchen, immer den gelben Pfeilen folgend, verlasse ich diesen schönen Ort wieder und erreiche hinter Cirauqui eine alte, halb zerfallene Römerbrücke, die in fast jedem Pilgerführer zu finden ist. Hier lege ich meine erste Frühstückspause ein, die heute Morgen lediglich aus einem trockenen Baguette mit einem Apfel und kaltem Wasser bestanden hat. Hier tausche ich auch meine lange Hose gegen eine kurze. Von diesem Rastplatz aus kann ich wieder gut auf meinen zurückgelegten Weg schauen, der anfangs aus einem breiten Feldweg bestanden hat, und später in einen schmalen Trampelpfad überwechselte, der dann über die römische Brücke führte. Jetzt sehe ich auf einmal von weitem den sehbehinderten Slowenen auf mich zu kommen und springe mit den Gedanken auf: „Du musst ihm da gleich helfen, die Abzweigung zu finden." Das brauche ich allerdings gar nicht. Er wird etwas langsamer und findet die Abzweigung auf Anhieb – ich würde sagen auf Zentimetergenauigkeit. Jetzt kommt er direkt auf mich zu. Meinen ausgestreckten Daumen hat er wahrscheinlich nicht mitbekommen, dafür aber mein „Buen Camino!"

Bis ich Lorca erreicht habe, lassen mich die alten Römer nicht mehr los, denn ich betrete immer wieder mal die alten Pflaster einer Römerstraße. Im Moment laufe ich über eine mehr als 2000 Jahre alte Straße. In einer Bar esse ich meine erste Tortilla und komme mit einem Thüringer ins Gespräch, den ich heute noch öfters zu Gesicht bekommen werde.

In Ayegui steht direkt am Wegesrand ein kleiner Verkaufsstand, an dem Pilgersouvenirs ausgestellt sind, die in der benachbarten Werkstatt hergestellt wurden. Unter anderem gibt es in Eisen gestanzte Pilgermuscheln, von denen ich schon mehrere als Pilgerzeichen an Hauswänden gesehen habe. Es gibt auch kleine Muscheln, die mit einem Lederband um den Hals getragen werden können. Ich habe dann eine Halskette für 3,- Euro gekauft. Gedacht ist sie als Mitbringsel für meine Frau. Es ist allerdings anders gekommen. In meinem bisherigen Leben, habe ich außer dem Ehering noch nie Schmuck getragen, aber seitdem ich wieder Zu Hause bin, trage ich stolz diese Kette, als Erinnerung an eine unvergesslichen Zeit.

Um die späte Mittagszeit erreiche ich Estella, eine Kleinstadt mit vielen, schönen Baudenkmälern, insbesondere die Kirche des heiligen Grabes mit seinem sehenswerten, romanischen Portal. Hier gibt es auch einige Geschäfte, darunter sogar einen Fahrradladen, in dem ich Flickzeug kaufe. Leider haben sie keinen Fahrradschlauch in meiner Rad Größe. In der Zwischenzeit habe ich nämlich bemerkt, dass der Schlauch immer wieder Luft verliert und ich den Reifen wieder aufpumpen muss.

Gott (St. Jakob) sei Dank, habe ich ja jetzt eine gute lange Luftpumpe.

Nach der Ortsbesichtigung geht es bei strahlend blauem Himmel weiter nach Villamayor de Monjardin, meinem heutigen Etappenziel, und ich weiß schon, dass noch ein besonderer Rastplatz auf mich wartet, die „Bodegas Irache", Spaniens vielleicht berühmteste Quelle. Hier hat der Winzer neben einer Wasserquelle auch eine Weinquelle für durstige Pilger angelegt. Jeder Pilger kann sich hier einen guten Schluck Wein zapfen. Zusammen mit dem Thüringer habe ich den Wein gekostet. Lecker, lecker!!!

Ich habe natürlich nur ein Becherlein getrunken, denn es warten noch einige Höhenmeter auf mich.

Als ich die nächsten Häuser sehe, denke ich zuerst, ich hätte mein Tagesziel erreicht und suche die angepeilte Herberge. Es dauert eine Weile bis ich bemerke, dass ich erst in Azqeta bin und noch 2,5 Kilometer vor mir liegen.

Um 15:30 Uhr erreiche ich dann die Albergue Villamayor de Monjardin, eine schöne, neue Herberge neben der Kirche. Über mir auf dem Berg Monjardin thront ein verlassenes Castello. Nach dem schon gewohnten Ritual gibt es jetzt eine neue Tätigkeit, Reifen flicken. Ich bin ja heute früh dran und kann diese Arbeit somit in aller Ruhe und Sorgfalt leisten. Ich hoffe, dass der Schlauch jetzt dicht ist.

In der benachbarten Bar esse ich dann mein Pilgermenü. Heute habe ich keine bekannten Gesichter gesehen. Der Thüringer ist auch nicht aufgetaucht.

Sonntag, 22. April 2018 von Villamayor de Monjardin nach Viana
31,5 km

Heute Morgen werde ich von den Geräuschen meiner Mitschläfer, die ihre Rucksäcke packen geweckt. Irritiert schaue ich auf meine Uhr und bin erst mal verblüfft, dass heute so viele Frühaufsteher in meinem Schlafsaal vereint sind, denn meine Uhr zeigt 5:10 Uhr. Sonst bin ich ja immer der Erste. Ich drehe mich noch einmal rum, um noch ein bissel zu Dösen. Da fällt mein Blick auf das Fenster und durch die Schlitze der herunter gelassen Rollläden erkenne ich, dass es draußen schon recht hell sein muss. Daraufhin fahre ich mein Smartphone hoch und bekomme einen kleinen Schrecken. Hier wird mir jetzt 6:30 Uhr angezeigt. Was mich etwas verwirrt, ist die Tatsache, dass sich auf meiner Armbanduhr der Sekundenzeiger dreht. Die Uhr ist also nicht defekt. Vielleicht hat sich die Krone gelöst und die Uhrzeit wurde dadurch verstellt. Nachdem ich sie korrigiert und die Krone wieder festgedreht habe, hoffe ich, dass alles in Ordnung ist. Im Nachhinein kann ich sagen, alles ok.

Es heißt nun also schnell aufstehen, packen und frühstücken, denn für heute habe ich mal wieder eine über 30 Kilometeretappe geplant. So schnell wie gedacht komme ich dann leider doch nicht los, denn ich muss mich erst noch um ein kleines Problem in der Heimat kümmern. Eines meiner Hobbys ist Geocaching und ich habe eine E-Mail erhalten, dass es mit einem meiner Schätze ein Problem gebe. Da ich ja jetzt einige Hunderte Kilometer von meinem „Schatz" entfernt bin, schreibe ich einen Cacherfreund an, ob er sich um die Dose kümmern könne. (Am Abend werde ich von ihm eine Mail erhalten, dass alles wieder im grünen Bereich ist.)

Nachdem alles erledigt ist, starte ich heute ausnahmsweise Mal als einer der Letzten von der Herberge. Auf den nächsten 12 Kilometern bis nach Los Arcos soll man laut Pilgerführer genügend Wasser mit sich führen, da es keine zuverlässige Wasserquelle geben soll. Da ich mit einem Trinksystem wandere, habe ich damit kein Problem. In den Beutel, der in meinem Rucksack integriert ist, passen 2 Liter Wasser. Dieses System kann ich jedem Pilger nur empfehlen.

Der Weg in der Hügellandschaft schlängelt sich wie ein endloser Wurm vor mir her, der sich dann am Horizont in Nichts auflöst. Über breite Feldwege geht es durch Getreidefelder, die immer wieder einmal von einem Weinanbaufeld mit Ruinen darin unterbrochen werden. Auf diese Weise komme ich meinem Ziel, Santiago de Compostela immer näher.

Um 12:00 Uhr erreiche ich Torres del Rio, wo ich im Laden einer Herberge mein Mittagessen, Baguette mit Käse kaufe, welches ich auf dem kleinen Kirchplatz sofort verzehre.

Jetzt folgt wieder ein längerer Abschnitt über 11 Kilometer, der es laut Pilgerführer in sich haben sollte. Dem kann ich nur zustimmen. Der steinige Untergrund und das ständige Auf und Ab zerren an den Kräften, und die Sonne brennt ungehindert auf meinen Pilgerhut, denn schattenspendende Bäume gibt es längs des ganzen Weges nicht.

Aber meine Karre rollt prächtig und ich kann mein Wohlfühltempo gehen. So nähere ich mich Viana, meinem heutigen Etappenziel. Als ich den Ortsrand erreiche, treffe ich auf einen anderen Pilger. Bei der Begrüßung stellen wir fest, dass wir Landsmänner sind und beschließen, gemeinsam eine Unterkunft zu suchen.

In der städtischen Herberge Andres Munoz haben wir Erfolg. An der Rezeption bekommt jeder ein Bett zugewiesen. Da ich mit meiner

Karre immer etwas langsam bin, bekomme ich allerdings ein Bett in einem anderen Schlafsaal als Wolfgang. Beim Betreten desselben stelle ich fest, dass ich hier der einzige Gast bin. Ich kann mich also in aller Ruhe einrichten, Matratze und Kopfkissen beziehen, den Schlafsack ausrollen und auch ein schönes Plätzchen für meine Karre finden. Danach begebe ich mich auf die Suche nach Wolfgang, denn wir wollen gemeinsam Essen gehen. Als ich seinen Schlafsaal betrete, spüre ich sofort eine bedrückende Enge, denn jedes Bett ist hier belegt. Da es jetzt schon 19:00 Uhr ist, mache ich ihm folgenden Vorschlag: „Jetzt wird wohl keiner mehr kommen, und bei mir kannst du dir noch ein unteres Bett aussuchen!" So schnell habe ich noch keinen seine Pilgersachen zusammen packen gesehen. Kurz darauf bin ich nicht mehr ganz alleine in meinem Schlafsaal.

Wolfgang

Jetzt haben wir beide Hunger und richtigen Durst. In einer gemütlichen Bar in der Altstadt essen wir ein leckeres Pilgermenü und stellen bei 2 oder 3 Halben fest, dass wir beide auf der gleichen Wellenlänge liegen. Er ist Fahrlehrer und kommt aus Oelde. Das tolle ist, er hat den gleichen Rückflug gebucht wie ich. Wir beschließen, zwar nicht gemeinsam zu wandern, aber ein gemeinsames Etappenziel auszusuchen. Wolfgang ist jünger als ich und somit auch schneller, dafür möchte er etwas länger schlafen und ich bin ja ein Frühaufsteher. Somit müsste es eigentlich klappen, gemeinsam ein Ziel zu erreichen.

Montag, 23. April 2018 von Viana nach Ventosa

29,8 km

Auch diesmal bin ich früh gestartet, so um 6:30 Uhr. Da es immer leicht über asphaltierte Wege bergab geht, bin ich richtig flott unterwegs. Ich spüre kaum meine Karre, bin gefühlt ohne Gepäck unterwegs.

In den Vormittagsstunden überquere ich die Grenze zwischen Navarra und erreiche die Region La Rioja, bekannt durch seine guten Weine. Aus einem Wäldchen kommend empfängt mich La Rioja nicht besonders einladend, denn vor mir liegt eine riesige Fabrikhalle und im Hintergrund rauscht eine vielbefahrene 4-spurige Landstraße. Kurz vor Logrono wartet Maria oder eine Ihrer Töchter an einem Stand auf vorbeiziehende Pilger, um sie mit Obst und Getränken zu versorgen. Ihren heißbegehrten Pilgerstempel habe ich mir natürlich auch abgeholt.

Bei trübem Wetter erreiche ich Logrono, die Hauptstadt dieser Region. Laut Pilgerführer ist sie weder historisch noch kulturhistorisch bedeutend, daher durchquere ich dieses Städtchen flott. Der Pilgerweg führt mich nun entlang des Stausees Pantano de la Grajera und durch den angrenzenden Park. Hier wartet ab und zu Marcelino auf die Pilger, um diese auch zu versorgen. Leider ist er heute nicht da, dafür habe ich ja vorher Maria getroffen.

Jetzt wandere ich über breite Wirtschaftswege durch Weinberge. An einzelnen Weinstöcken kann ich die ersten, kleinen Sprösslinge erkennen, während andere Weinstöcke noch vollkommen kahl sind.

Nachdem ich Navarete hinter mir gelassen habe, wird der Weg etwa öde und laut. Fast eine Stunde lang muss ich jetzt über eine staubige Schotterpiste parallel einer Autobahn pilgern und immer wieder sehe ich Industrieanlagen. Dabei geht es auch noch stetig leicht bergauf, das macht wirklich keinen Spaß. Es ist bisher der schäbigste Abschnitt meines Pilgerweges.

Am frühen Nachmittag erreiche ich Ventosa und bekomme in der Herberge San Saturnino ein Bettchen. Nachdem ich meine Wäsche gewaschen habe und geduscht bin, trifft auch Wolfgang ein und freut sich, dass ich ihm ein Bett frei gehalten habe. In einer nahe gelegenen Bar essen wir zusammen eine Paella, die wir mit Wein und einigen Bierchen herunterspülen. Dabei reden wir über dies und das und bringen dabei auch diesen nicht so tollen Pilgertag gemütlich zu Ende.

Dienstag, 24.April 2018 von Ventosa nach Santo Domingo de la Calzada 33,1 km

Bei idealem Wanderwetter - bedeckter Himmel und leichter Wind, starte ich noch vor 7:00 Uhr ohne Frühstück. Der Weg führt mich an Weinreben vorbei und zu einem Sendemast. Hier auf diesem Berg soll der Legende nach, der Kampf des Helden Roland gegen den Riesen Ferragut stattgefunden haben, von dem im Rolandslied die Rede ist.

Nach 10 Kilometern habe ich um 9:00 Uhr Najera erreicht, wo gerade eine kleine Bar geöffnet hat. Hier esse ich zum Frühstück mal ein Rührei zum Baguette. Noch eine kurze Anmerkung zu den spanischen Bars. Neben einem schmackhaften und preiswerten Frühstück, hat jede Bar auch einen Wifi-Zugang. Meistens hängt ein kleines Schild mit Benutzernamen und Passwort neben der Theke. Falls nicht, erhält man die entsprechenden Informationen bei kurzer Nachfrage. Das galt für die zuvor von mir besuchten Bars ebenso, wie in denen die ich noch betreten werde. Davon sollte sich die deutsche Gastronomie mal eine Scheibe abschneiden.

Nach Najera ist mal wieder ein Hosenwechsel von lang auf kurz fällig, denn es sieht nach einem heißen Tag aus. Nachdem ich über eine Brücke den Rio Najerilla überschritten habe, folge ich der Ausschilderung zum Kloster Santa María la Real. Hier besichtige ich den Kreuzgang und die direkt an die rote Felswand gebaute Kirche.

In Azofra fülle ich meinen Lebensmittelvorrat wieder mit Bananen und Plätzchen auf. Der Weg nach Ciruena führt mich jetzt über eine Schotterpiste durch eine offene, hügelige Landschaft mit blühenden Rapsfeldern. Die gelben Farbtupfer im Gelände tun meinen Augen gut. Ich brauche auch etwas Aufmunterung, denn momentan steht die Sonne fast senkrecht über mir und kein Baum oder Strauch spendet mir Schatten. Hier beginnt die Tierras de Campo, die Kornkammer von Spanien mit ihren scheinbar endlosen Getreidefeldern. Jetzt wird es auch etwas anstrengend, es ist ein stetiges auf und ab.

Kurz vor Ciruena gibt es einen Rastplatz mit Brunnen, an dem reichlich Betrieb herrscht. Wenigstens ein Dutzend Pilger rasten hier, unter ihnen auch die beiden Carabinieri und überraschender Weise auch Wolfgang. Ich war der Meinung, er müsse eigentlich hinter mir sein, denn er ist wie immer später gestartet. Offenbar hatte er mich überholt, während ich im Lebensmittelladen war.

Es gibt hier einen kleinen Stand, an dem ein Einheimischer gekühlte Getränke verkauft, und so gönne ich mir zur Brotzeit anstatt lauwarmen Wassers eine kalte Cola.

Bis zu meinem heutigen Tagesziel, der Hühnerstadt Santo Domingo de la Calzada, liegen noch 7 Kilometer vor mir. Diese Stadt zählt zu den bedeutendsten Orten am Jakobsweg. Gegründet wurde sie im Jahre 1044 vom heiligen Domingo de Viloria, der hier eine Brücke über den Fluss Oja baute, der ein Pilgerhospital sowie eine Pilgerherberge angeschlossen war. Auf dem Weg dorthin beschließe ich, mir heute mal was Besonderes zu gönnen, ein Zimmer für mich ganz allein, denn ich bin ja heute über 33 Kilometer gepilgert. Außerdem gibt es in Santo Domingo de la Calzada nur eine einzige Pilgerherberge mit über 200 Betten.

Bei meiner Quartiersucherei schaue ich kurz in die öffentliche Herberge der Bruderschaft herein und wer sitzt dort im Aufenthaltsraum? Marc, meine erste Pilgerbegleitung. Ist das eine Freude! Es folgt ein angeregter Gedankenaustausch. Er will mich noch überreden, auch hier zu übernachten, es sei gar nicht so voll. Doch ich habe mich nun einmal für eine Einzelübernachtung entschieden. Die Vorstellung, heute mal ein Schlafzimmer und ein Bett für mich ganz allein zu haben, hatte mich bei dieser anstrengenden Wanderung schließlich aufrecht gehalten. Im Hotel El Corregidor bekomme ich dann für 39,- Euro ein Zimmer. Jetzt habe ich viel Platz und kann in meinen Sachen wieder Ordnung schaffen.

Die berühmte Legende von Santo Domingo de la Calzada.

Eine Pilgerfamilie aus Xanten kam einst auf dem Weg nach Santiago auch nach Santo Domingo de la Calzada und übernachtete hier in einem Wirtshaus. Die Wirtstochter fand den Sohn der Familie sehr attraktiv, der – fromm und keusch – ihr Angebot jedoch zurückwies. Daraufhin wandelte sich die Zuneigung der Wirtstochter in bösen Zorn. Sie sann auf Rache und versteckte einen Silberbecher in seinem Gepäck. Der Wirt, der den Verlust am Folgetag bemerkte, schickte die Stadtbüttel aus, die auch schnell fanden, was sie suchten. Der junge Mann wurde nach kurzem Prozess aufgehängt und die Eltern zogen traurigen Herzens weiter nach Santiago. Als sie auf dem Rückweg wieder an der Richtstatt vorbei kamen, wurden sie plötzlich von ihrem Sohn angesprochen. Er sei gar nicht tot, verkündete er ihnen, denn Santo Domingo halte ihn. Die Eltern liefen daraufhin aufgeregt zum Richter, der gerade vor einem Teller gebratener Hühner saß, und berichteten ihm das Vorgefallene. Der Mann antwortete daraufhin, ihr Sohn sei genauso tot wie die beiden Hühner, die vor ihm auf dem Teller lägen. Daraufhin erhoben sich die Hühner und flatterten davon. In aller Eile wurde der Sohn nun ab- und die Wirtstochter aufgehängt. Die Familie jedoch zog frohen Herzens weiter nach Hause. Seit diesem Tag werden in der Kathedrale von Santo Domingo in einem Käfig ein weißer Hahn und eine weiße Henne gehalten, die 14-tägig ausgewechselt werden.

Bei der anschließenden Stadtbesichtigung steht der Besuch der Kathedrale von Santo Domingo de la Calzada mit dem mächtigen, freistehenden Glockenturm, natürlich an erster Stelle. Mal schauen, ob der Hahn mir einen weiteren glücklichen Pilgerweg prophezeit. Leider ist es in der Kirche brechend voll. Es finden sogar gerade zwei Führungen statt. Somit kann ich den Hahn leider nicht krähen hören.

Ist das jetzt ein schlechtes Omen für mich? Nein, ich schaffe das auch ohne das Hühnervieh!

Mein heutiges Abendmahl besteht mal wieder aus einer Pizza. Ich kehre danach früh ins Hotel zurück und kann endlich einmal ohne Ohrstöpsel schlafen.

Mittwoch, 25.April 2018 von Santo Domingo de la Calzada nach Tosantos   **27,9 km**

Es ist 6:30 Uhr als ich heute Morgen aufbreche. Ich bin allerdings nicht der Einzige, der Santo Domingo de la Calzada schon im Dunkeln verlässt, was mir eine kleine Orientierungshilfe verschafft, die mich jetzt durch die Straßen von Santo Domingo de la Calzada führt. An einer Gabelung bleibt der vor mir gehende Pilger auf einmal stehen und schaut sich suchend um. Kurz darauf suchen wir gemeinsam nach dem wegführenden, gelben Pfeil. Es dauert etwas länger, bis wir das bodennahe Zeichen endlich gefunden haben. Wir sollen jetzt weder nach links oder rechts der Straße folgen, sondern eine vor uns liegende Treppe hinabsteigen. Wie ich früher schon festgestellt habe, ist in den Städten die Wegauszeichnung manchmal verbesserungswürdig (ich will nicht schlecht sagen). Im freien Gelände ist die Kennzeichnung jedoch hervorragend.

Nachdem ich den Rio Oja überquert habe, geht es bei nebeligem Wetter fast 4 Kilometer längs der vielbefahrenen Landstraße N-120. Während sich auf meiner linken Seite Getreidefelder im Wind wiegen, rauscht auf der rechten Seite ein Lastwagen hinter dem anderen an mir vorbei. Das ist öde. Kurz vor Granon verlässt der Jakobsweg die Landstraße zwar, doch nur, um kurz dahinter abermals auf diese zu stoßen.

Ich verlasse jetzt die Rioja und betrete Kastilien. Immer wieder begleitet mich die Geräuschkulisse der N-120 und das Wetter will auch nicht besser werden. Die Sonne schafft es nicht, den Nebel wegzudrücken und ab und zu nieselt es aus den Wolken. Meine Regenhose brauche ich jedoch nicht anzuziehen.

Über Belorado habe ich um 14:00 Uhr Tosantos erreicht, mein heutiges Ziel. In der gepflegten Herberge Los Aconas schlage ich mein Quartier auf und hier kann ich auch zu Abend essen und Frühstücken. Da ich bis zum Abendessen noch reichlich Zeit habe, führe ich heute mal in Ruhe mein Pilgertagebuch. Ich diniere an diesem Abend verhältnismäßig früh und liege bereits um 18:00 waagerecht in meinem Bettchen. Apropos, Wolfgang liegt neben mir und schnarcht schon.

Heute war mal kein so schöner Pilgertag mit abwechslungsreicher Landschaft, mit Sonnenschein und interessanten Pilgergesprächen. Heute hieß es nur, einen Schritt vor den anderen setzen um die Entfernung nach Santiago zu verkürzen.

Jetzt sind es nur noch 557 Kilometer. 247 Kilometer habe ich in 9 Tagen schon geschafft.

Donnerstag, 26. April 2018 von Tusantos nach Ages

24,0 km

Der heutige Pilgertag beginnt wieder ohne Frühstück. Seit 6:45 Uhr wandere ich bei nebligem Wetter und kalten Temperaturen durch eine hügelige Kulturlandschaft. In einer Bar in Espinosa del Camino habe ich ein Frühstück, bestehend aus Baguette mit leckerem Schinken genossen. Das Teil war so groß, das ich nur die Hälfte geschafft habe. Das heißt, ich brauche mich um mein Mittagessen nicht mehr zu kümmern. Bei Villafranca Montes de Oca beginnt direkt hinter der Kirche der steile, schweißtreibende und streckenweise steinige Aufstieg in das Waldgebiet der Montes de

Oca. Als ich dann Valbuena, den höchsten Punkt mit 1160m Höhe erreicht habe, ist es immer noch so neblig, das mir der versprochene, wunderschöne Ausblick auf die Berge der Sierra de San Millan verwehrt wird.

Bei dem Aufstieg werde ich wieder von meinen zwei freundlichen Carabinieri überholt. Sie fragen mich sofort auf Italienisch wie es mir geht und ob sie helfen können. Doch ich lehne natürlich wieder dankend ab: Ich schaffe das!

Nachdem ich das Denkmal für die 1936 im Bürgerkrieg erschossenen Republikaner passiert habe, geht es zuerst relativ eben und später dann leicht bergab. Der Weg hier oben ist 30 bis 40 Meter breit, er hat die Funktion einer Brandschutzschneise, denn links und rechts gibt es dichten Kiefern- und Eichenwald, durchsetzt mit Ginster, Heide und Wacholder.

Während dieser Zeit meldet sich mein Magen immer drängender, doch ich finde auf diesem aufgeräumten Brandschutzweg keine Sitzgelegenheit, bis der Jakobsweg an einer Abzweigung den breiten Weg verlässt. Endlich sehe ich einen Baumstumpf, auf den ich mich niederlassen kann. Wie ich da so sitze und an meiner Brotzeit kaue, kommt Wolfgang in Begleitung eines jungen Mannes vorbei. Dieser trägt stolz ein 1.FC Köln-Trikot mit einer entsprechenden Kappe dazu. Auch Tobi werde ich noch öfters begegnen.

In der Zwischenzeit ist das Wetter immer besser geworden und somit erreiche ich das kleine Örtchen San Juan de Ortega bei strahlend blauem Himmel. Auch ist es wärmer geworden und ich kann einen Hosenwechsel machen.

Nach der Besichtigung der Kirche San Juan de Ortega mit der sehenswerten Krypta mit dem Grabmal des heiligen San Juan de Ortega, einem weiteren Förderer des Jakobsweges, gehe ich alleine weiter, denn Wolfgang will sich auf der Terrasse, der hier befindlichen Herberge mit einem kühlen Bier erfrischen. Ich habe seine Einladung abgelehnt, denn mich plagt so ein komisches Gefühl, wohl keine Schmerzen, aber eine gewisse Müdigkeit, die mich beschlichen hat. Ich will einfach nur weiter.

Mein Gefühl hat mich nicht betrogen. Nachdem ich jetzt eine knappe halbe Stunde gegangen bin, meldet sich auf einmal mein Rücken. Ich habe wohl keine großen Schmerzen, aber ich gehe ganz schief. Und dieses seitliche Wegknicken ist sehr extrem. Wenn man senkrecht auf den Boden guckt, ist es ja normal, dass man bei einem Schritt den linken Fuß links von dieser Falllinie aufsetzt und den rechten Fuß rechts. Ich muss aber feststellen, dass ich den rechten Fuß links neben dieser Falllinie aufsetze. In der Hüfte knicke ich also seitlich schief weg. Ich versuche mich immer wieder aufzurichten, biege den Rücken durch, aber nach 3, 5 Schritten nehme ich automatisch wieder diese Schonhaltung ein. Abgestützt auf meinen Wanderstock - jetzt hätte ich vielleicht doch zwei gebrauchen können - quäle ich mich langsam bis nach Ages. Ich muss immer wieder eine Pause einlegen. Nach 1,5 Stunden langsamen, gekrümmten Gehens, erreiche ich endlich Ages und bekomme in der Herberge El Pajar de Ages ein Bett. Ich bin froh und glücklich, als ich mich endlich in meiner Koje ausstrecken kann. Ich habe auch wieder Glück gehabt und ein unteres Bett bekommen. In der Zwischenzeit ist auch Wolfgang angekommen und nimmt das Bett über mir in Besitz.

Für die etwa 20 anwesenden Pilger gibt es zum Abendessen eine Paella mit Hähnchen und Gemüse aus einer riesengroßen Pfanne. Die hat vielleicht geschmeckt - einfach super!

Freitag, 27. April 2018 von Ages nach Burgos

23,3 km

Um den Rücken zu entlasten habe ich den Rucksack heute auf meine Karre geschnallt. Das hat allerdings den Nachteil, dass ich nicht mehr zu jeder Zeit einen Schluck Wasser trinken kann. Ich befestige den Trinkschlauch des Trinksystems an die Deichsel und muss jetzt jedes mal das Zuggeschirr abschnallen, wenn ich etwas trinken möchte. Mal sehen und testen, wie ich damit klar komme.

Diesmal nehme ich mein Frühstück, bestehend aus Rührei mit Toast und schwarzem Tee, in der Herberge ein und starte um 8:00 Uhr zu meinem heutigen Ziel, Burgos. Es ist die Hauptstadt von Kastilien und Leon. Ich bin sehr gespannt, ob ich mein gestecktes Ziel heute erreichen werde.

Atapuerca, der nächste Ort den ich nach knapp 3 Kilometern erreiche, gilt als Heimat der ersten Europäer, denn in den Höhlen, die 4 km südlich des Dorfes liegen, wurden 800 000 Jahre alte menschliche Überreste gefunden. Für eine Besichtigung der Höhlen muss man sich vorher anmelden, daher habe ich nur dem kleinen archälogischen Park außerhalb des Dorfes einen kurzen Besuch abgestattet.

Nachdem ich den Ort verlassen habe, geht es anstrengend und kräftezehrend auf steinigen Geröllwegen stetig aufwärts, bis ich zu einem Gipfelkreuz gelange. Hier oben auf einer Höhe von 1081 Meter gibt es seltsame Steinringe zu sehen. Auf dem Weg hier hinauf muss ich immer wieder meinen Rucksack richten. Er rutscht ständig von der Karre. Ich werde mir also noch ein oder zwei Gummibänder kaufen, um den Rucksack präsiser auf der Karre befestigen zu können. Nachdem ich die baumlose Hochebene durchschritten habe, kann ich einen ersten Blick hinunter nach Burgos werfen. Der Abstieg nach Villalval ist streckenweise steil und steinig. Aber dann, nach 1,5 Kilometern, habe ich auch diesen anstrengenden Teil geschafft.

Anscheinend bin ich doch noch nicht ganz fit, denn ich habe den Pilgerführer leider nicht aufmerksam genug gelesen. Hinter Orbaneja Riopica teilt sich der Jakobsweg in zwei Wegalternativen, wobei die eine wesentlich schöner und sogar um 200 m kürzer sein soll als der offizielle Weg, welcher durch ein riesiges Industriegebiet führt. Erst nachdem ich den Flughafen von Burgos in einem weiten Bogen passiert habe, bemerke ich meinen Fehler. Sehr schade, denn ich wäre natürlich lieber den Weg längs des Rio Arlanzon nach Burgos gewandert. Jetzt ist es allerdings zu spät, um umzukehren. Gut, sage ich mir, dann wirst du heute mal Industriegebäude besichtigen. Ich muss nun einer 5 Kilometer langen, vierspurigen und schattenlosen Straße folgen, auf der reichlich Verkehr herrscht. Einen Vorteil hat dieser Streckenabschnitt trotzdem für mich, denn parallel zur Straße gibt es einen Fahrradweg mit superglatter Oberfläche, und da es auch stetig leicht bergab geht, spüre ich überhaupt nicht mehr meine Karre. Sie läuft ganz von alleine. Als ich die graue Vorstadt endlich erreicht habe, kehre ich in einem Cafe ein, wo ich mich mit einem leckeren Blätterteigapfelkuchen belohne. Zu meinen gestrigen Rückenschmerzen und meinem krummen Gang möchte ich anmerken, dass diese wie weggeblasen sind. Aufrecht und erhobenen Hauptes betrete ich Burgos.

Um 14:00 Uhr habe ich die Kathedrale erreicht. Jetzt heißt es erst mal auf Wolfgang warten, denn wir haben uns vorgenommen, in Burgos ein Hotel zu nehmen. Er trifft auch keine viertel Stunde später ein. Gemeinsam checken wir im Hotel Norte Y Londres ein, wo wir zwei Einzelzimmer bekommen. Nachdem wir uns frisch und stadtfein gemacht haben, steht natürlich die Besichtigung der Kathedrale an erster Stelle. Schließlich gehört sie zum Unesco-Weltkulturerbe.

Der Baubeginn der gotischen Kathedrale war im Jahre 1221. Im Laufe der Jahrhunderte wurde sie immer wieder ergänzt und umgebaut. Das äußere Erscheinungsbild ist sehr beeindruckend, wohingegen das Kircheninnere für mich zuerst enttäuschend, weil verbaut ist. Durch die vielen Kapellen und Altäre fehlt für mich die Weite. Die Kirche hat Museumscharakter. Dazu kommen noch die vielen Touristen, die mit einem elektronischen Museumsguide herumlaufen oder immer wieder ihre Smartphones zücken, um zu fotografieren. Mit den Gedanken: Gesehen, erledigt und abgehakt, verlasse ich die Kathedrale wieder.

Auf dem Vorplatz der Kathedrale treffe ich zum ersten Mal einen Pilger, der ebenfalls ein Wägelchen hinter sich her zieht. Ich spreche ihn an, aber ich glaube der Franzose hat wohl nicht ganz verstanden, was ich ihm erklären will, nämlich dass ich auch mit einer Karre unterwegs bin. Er kann sie ja leider nicht sehen, da sie sich momentan im Hotelzimmer befindet.

Auf dem Platz Plaza Rey San Fernando genieße ich ein Erfrischungsbier und lerne dabei Mark aus Kanada kennen, dem Wolfgang bereits einen Tag vorher begegnet ist. Nach einem Stadtbummel durch die Gassen von Burgos suchen wir ein Grillrestaurant, denn wir möchten alle drei mal wieder ein richtiges Stück Fleisch auf dem Teller haben. Ein entsprechendes Lokal ist schnell gefunden und so kann ich endlich mal wieder meine geliebten Lammkotellets mt Pommes essen. Es ist schon recht spät, als wir in unsere Hotels zurückkehren. Diese Nacht kann ich mal wieder ohne Ohrstöpsel schlafen. Welche Wohltat bei geöffnetem Fenster.

Samstag, 28. April 2018 von Burgos nach Hontanas

32,8 km

1

Eine Paella vereinigt die Völker

Um 7:30 Uhr starte ich in Burgos, und da genügend andere Pilger unterwegs sind komme ich auch gut durch das dicht bebaute Stadtgebiet. Wir helfen uns gegenseitig den richtigen Weg zu finden, denn einer entdeckt die Muschel oder den gelben Pfeil immer. Über eine ebene Piste und über Asphalt rollt die Karre super, so dass ich flott vorwärtskomme und in knapp 2,5 Stunden die 11 Kilometer bis Tardajos geschafft habe. Mittlerweile ist der Hunger natürlich groß. In einer Bar bekomme ich einen Riesenbocadillo mit Schinken und Käse, den ich trotz meines Bärenhungers nur zur Hälfte verdrücken kann. Ich habe mein Mittagessen also schon vorrätig.

Hinter Rabe de las Calzadas beginnt die Meseta, eine Hochebene, in der es nichts anderes gibt, als Felder, Himmel, Horizont und den Weg. Schatten findet man nirgendwo. Meseta geht auf das spanische Wort „mesa" zurück, was so viel heißt wie Tisch, Platte oder Ebene.

Morgens bin ich bei bedecktem Himmel gestartet. Ab Mittag kommt zwar die Sonne hervor, doch ich habe den ganzen Tag einen sehr kalten Rückenwind.

Über Schotterpisten geht es jetzt immer leicht ansteigend durch die Weizenfelder der Meseta. Ich habe eine gute Sicht, sodass ich die Wegeführung des Jakobsweges immer im Blick habe. Ich kann sogar erkennen, dass der Jakobsweg an einer Kreuzung links abbiegt, denn man hatte dort einen großen, gelben Pfeil an einen Felsbrocken gemalt. Hier bietet sich mir die Gelegenheit für eine gute Tat, denn vor mir ist ein Pilger unterwegs, der an dieser Kreuzung geradeaus weiter läuft. Ich erhöhe schnell mein Lauftempo und versuche, ihn schreiend und winkend einzuholen. Zu seinem Glück bemerkt er mich und kehrt zurück. Wir treffen uns an der Kreuzung, wo der französische Pilger ganz verdutzt guckt, als ich auf den großen, gelben Pfeil deute. Ungläubig schüttelt er den Kopf. Nach einem herzlichen, französischen Dankeschön und einem „Buen Camino" trennen wir uns wieder, denn mit seinem Tempo kann ich nicht mithalten.

Um 14:30 Uhr und nach knapp 33 Kilometern, habe ich mein Etappenziel dann urplötzlich erreicht. Da Hontanas ganz versteckt in einer Mulde liegt, konnte ich es zuvor gar nicht sehen. In Santa Brigida, einer schönen, rustikalen Herberge mit 16 Betten, die sich auf drei sehr geräumige Zimmer verteilen, finde auch ich einen Schlafplatz. Ich trinke gerade mein wohl verdientes Halbes, da trifft auch Wolfgang ein. Ich habe ihm natürlich ein Bett freigehalten.

Jetzt noch eine kleine Anmerkung zu unserem heutigen Pilgermenü, denn eine so leckere Paella (siehe Foto oben) habe ich noch nie gegessen. Ich glaube, ich habe zwei Mal Nachschlag genommen. Und was für eine fröhliche, ausgelassene Stimmung rund um den Tisch herrschte. Ich vermute, in dieser Runde hat aus jedem Kontinent der Erde ein Vertreter gesessen. Super, deswegen mache ich den Pilgerweg.

Sonntag, 29.April 2018 von Hontanas nach Boadilla del Camino
30,1 km

In dieser Herberge gibt es ein sehr frühes Frühstück, so dass ich mich schon um 6:30 Uhr wieder auf den Weg machen kann. Nach 5 Kilometern erreiche ich die beeindruckende, aus dem 12.

Jahrhundert stammende Ruine des Klosters San Anton. Die Landstraße führt mitten zwischen den Gebäuden hindurch. Das Kloster gehört zu dem Orden San Anton, der es sich zur Aufgabe gemacht hat, jene Pilger zu heilen, die an der Lepra litten. Hier steht ein Spanier, von dem ich gegen eine Spende den Pilgerstempel von San Anton und zusätzlich ein Pilgerandenken erhalte.

Es ist frisch und der Himmel bedeckt, so marschiere ich durch eine eintönige, baumlose Landschaft bis ich Castrojeriz erreiche. Im Nebel kann ich so gerade die Ruinen des Castillo von Castrojeriz erkennen, welches über dem Ort thront. Unterwegs überholen mich mal wieder die beiden Carabinieris. Es soll heute nicht die letzte Begegnung sein. Hinter dem Ort geht es erst leicht bergab, doch dann fängt die Quälerei wieder an. Der nun folgende Aufstieg zum Alto de Mostelares hat bei einer Länge von einem Kilometer eine Steigung von 12 %. Dazu kommt, dass der Weg stark geschottert ist, so dass ich jeden Stein mit einem kleinen Ruck überfahren muss. Für diesen Aufstieg brauchte ich fast eine ganze Stunde.

Als ich dann oben, auf 1100 m Höhe eine kurze Verschnaufpause einlege, kann ich Wolfgang begrüßen. Von hier aus führt der Weg steil bergab, sodass die Karre von hinten drückt. Ich muss mich ordentlich dagegen stemmen, um nicht von ihr überrollt zu werden. Vor mir liegt nun eine Hochebene mit scheinbar endlosen Getreidefeldern.

Nach Itero de la Vega beginnt der Anstieg auf die Tafelberge. Dem Höhenprofil des Pilgerführers zufolge, müsste das ja ein Klacks sein. So ist es dann leider nicht. Erstens meldet sich mal wieder mein Rücken zurück und zweitens fängt es kräftig an zu regnen, so dass ich zum ersten Mal auf meiner diesjährigen Pilgertour meine Regenhose anziehen und den Rucksack in meinen mitgebrachten Sack einpacken muss. Des Weiteren pfeift ein eisiger, starker Wind direkt von vorne ins Gesicht. Ich ziehe die Kapuze tief über meinen Pilgerhut und halte den Kopf nach unten gesenkt. So trotze ich den Naturgewalten und kämpfe mich mit der Hoffnung bergauf, dass es oben bestimmt besser wird. Doch auch diese Hoffnung soll mir genommen werden. Befand ich mich beim Aufstieg noch im Windschatten, so entfaltet der Wind bei meinem Abstieg nun seine ganze Kraft. Ich merke jetzt, dass ich auch wieder schief laufe. Ein leichter Subtanzverlust macht sich bemerkbar.

Langsam, aber froh und glücklich erreiche ich um 14:00 Uhr Boadilla del Camino und beschließe, hier für heute Schluss zu machen. In der Herberge En el Camino finde ich meine heutige Bleibe. Es ist eine regelrechte Verwöhn-Herberge mit großer Liegewiese und einem Swimmingpool, von dem ich bei diesem Schietwetter natürlich nix habe. Dafür gibt es ein leckeres Pilgermenü und für morgen bestelle ich auch gleich ein Frühstück.

Jetzt heißt es erst mal die Sachen trocknen und die üblichen Dinge erledigen. Danach ruhe ich mich aus und lasse diesen doch anstrengenden Tag ganz langsam ausklingen. Zu dritt schlafen wir in einen 6-Bett-Zimmer, welches sogar über eine eigene Dusche und WC verfügt.

An dieser Stelle eine kurze Zwischenbilanz. Nach den Tagen gezählt, habe ich ein Drittel der Strecke hinter mir und bis jetzt 357 von 804 Kilometern zurückgelegt, also bei der Wegstrecke mehr als ein Drittel. Ich liege also gut in meiner Planung und habe sogar 2 bis 3 Wandertage gut.

Montag, 30.April 2018 von Boadilla del Camino nach Carrion de los Condes
25,6 km

Nach dem Frühstück starte ich noch vor 7:00 Uhr. Da mein Smartphone-Thermometer minus ein Grad anzeigt, ziehe ich noch ein zusätzliches, langärmliges T-Shirt an. Es ist wohl trocken, aber ich mache vorsichtshalber alles regenfest, ziehe den weißen Sack über meinen Rucksack und verstaue die Regenhose griffbereit. Mal schauen wie weit ich heute komme. Als Tagesziel habe ich mir Carrion de los Condes auserkoren, das wären dann heute über 25 Kilometer.

Nachdem ich die Ortschaft verlassen habe geht es am Kanal von Kastilien entlang. Dabei handelt es sich um ein Meisterwerk der Baukunst aus dem 18. Jahrhundert. Geplant war er als Transportweg, heute dient der Kanal der Bewässerung für die angrenzenden Felder. Die aufsteigenden Nebelschwaden verleihen dem Jakobsweg an dieser Stelle mal eine mystische Atmosphäre.

Nachdem ich den Canal de Castilla an einer Schleuse überquert habe, betrete ich Fromista und besuche die Iglesia de San Martin, eine sehenswerte Kirche, die einen rein romanischen Baustil hat, den man selten in Spanien findet.

Nach Poblacion de Campos werden im Pilgerführer zwei Wegalternativen vorgeschlagen. Die erste ist eine empfehlenswerte Nebenroute, die über schmale Pfade längs eines Flusses entlangführt. Die Hauptroute wird auch als Pilgerautobahn bezeichnet und führt entlang einer vielbefahrenen Landstraße. Ich entscheide mich für die Pilgerautobahn, denn hier kann ich mit meiner Karre 11 Kilometer über Asphalt laufen, und obwohl es leicht bergauf geht, spüre ich die Last der Karre überhaupt nicht.

In Villalcazar de Sirga, wo sich die beiden Wegalternativen wieder vereinigen, stehe ich jetzt vor der Templerkirche Santa Maria. Sie wurde im 12.Jahrhundert erbaut und kann mit einem sehenswerten Südportal aufwarten.

Heute lege ich mal einen Obsttag ein und verdrücke zwei Bananen und einen Apfel. Es ist noch immer kalt und es fängt jetzt auch noch leicht zu regnen an, also geht es rasch wieder weiter.

Um 14:00 Uhr erreiche ich Carrion de los Condes, mein für heute gesetztes Tagesziel. Ich fühle mich prima, denn der Rücken hat sich die ganze Zeit nicht gemeldet.

Als ich das Stadtzentrum erreiche, stelle ich mich im Eingangsbereich einer Kirche unter, denn der Regen ist in der Zwischenzeit heftiger geworden. Es hat sich sogar Schnee darunter gemischt. Erst im Nachhinein habe ich erfahren, dass ich vor der berühmten Santiago-Kirche von Carron mit seinem schönen romanischen Portal gestanden habe. Während ich meinen regensicher verpackten Pilgerführer hervorhole, gesellt sich ein anderer Pilger zu mir und begrüßt mich mit den Worten: „Günter, kann ich dir helfen?" Irritiert starre ich ihn an. Woher kennt der meinen Namen? Ich bin ihm noch nie begegnet. Er grinst. Ich sei mit meiner Karre Tagesgespräch auf dem Pilgerweg, klärt er mich auf, und bekannt wie ein bunter Hund. Björn, den ich in den nächsten Tagen auch immer wieder treffen werde, beschreibt mir dann den Weg zu meiner ausgesuchten Herberge Espiritu Santo.

Die Sucherei nach der Herberge gestaltet sich dennoch recht schwierig, denn sie liegt etwas abseits, und da es sich um eine klösterliche Herberge handelt, gibt es auch keine Hinweisschilder. Aber da es dort Einzelbetten geben soll, will ich unbedingt hin. Als ich dann vor der Eingangspforte stehe, ist diese verschlossen und ich muss klingeln. Zunächst tut sich nichts. Enttäuscht will ich schon wieder verschwinden, da wird die Tür von einer Dame geöffnet. In meinem spanisch-englischen Kauderwelsch trage ich meine Bitte vor und werde erst mal von Kopf bis Fuß taxiert. Offenbar wirke ich harmlos und erweise mich als dieser Unterkunft würdig, denn sie bittet mich jetzt einzutreten. Nachdem alle Formalitäten erledigt und die Regeln erklärt sind, führt mich die Dame in einen großen hellen Schlafsaal und weist mir ein bestimmtes Bett zu. Beim Herumstöbern in der Herberge treffe ich Tobi, den Kölner. Er erzählt mir, dass auch Wolfgang hier übernachten würde, doch leider kann ich ihn nicht finden.

Nachdem ich gewaschen habe und geduscht bin, sowie einen Ort zum Trocknen meiner nassen Sachen gefunden habe, kehre ich in den Ort zurück. Beim Einmarsch nach Carrion de los Condes hatte ich ein Sportgeschäft gesehen und hoffe nun, hier Gummibänder zu bekommen, um meinen Rucksack besser auf der Karre fixieren zu können. Ich erhalte ein 3-Pack und kaufe auch gleich noch einen Regenschutz für meinen Rucksack. Es hatte sich nämlich herausgestellt, dass meine mitgebrachten weißen Plastiksäcke zwar reißfest, aber nicht wasserdicht sind.

Am frühen Abend, ich esse gerade mein Pilgermenü, diesmal gibt's einen Hamburger als Hauptgang, wird es urplötzlich immer dunkler. Blitz und Donner lassen auch nicht lange auf sich warten und es kommt ein so kräftiger Hagelschlag herunter, dass die Straße vor der Bar in kürzester Zeit mit etlichen haselnussgroßen Hagelkörnern übersät ist. Der St. Jakob passt doch auf mich auf! Ich sitze ja jetzt im Trockenen und kann dieses Unwetter im Warmen genießen.

Eine kleine Anekdote noch vom Abend. In der klösterlichen Herberge ist ja ab 22:00 Uhr Nachtruhe vorgeschrieben, welche auch noch kontrolliert wird. Kurz nach 22:00 Uhr öffnet sich die Tür zum Schlafsaal, zwei Damen betreten den Raum und verabschieden sich

kurz darauf wieder mit einem freundlichen:" Buenas noches."
Kontrollieren die wohl auch ob man alleine oder zu zweit im Bett
liegt?

Dienstag, 1. Mai 2018 von Carrion de los Condes nach Ledigos
24,6 km

Heute esse ich mein Frühstück in einer Bar direkt neben dem Kloster.

Laut Reiseführer soll jetzt eine der härtesten Etappen folgen, Meseta
pur. Eine absolut ebene, oft einsame und schattenlose Landschaft,
auf der es über eine Strecke von 18 Kilometern keine
Verpflegungsmöglichkeit gibt. Eine Herausforderung an Körper und
Geist. Ich persönlich empfinde diesen Streckenabschnitt allerdings
nicht als besonders anstrengend. Erstens kenne ich das Pilgern durch
endlose Getreidefelder schon, und zweitens ist heute ideales
Wanderwetter, bedeckter Himmel, nicht zu kalt und nicht zu warm.
Einsam ist es übrigens auch nicht, immer wieder begegnen mir
andere Pilger und ich muss für ein Foto mit Karre posieren.

Um 12:00 Uhr habe ich Calzadilla de la Cueza erreicht, und auf der
Terrasse einer Bar entdecke ich auch gleich bekannte Gesichter.
Wolfgang, Tobi und der Franzose (seinen Namen habe vergessen)
erwarten mich offenbar schon, denn sie haben extra einen Stuhl an
ihrem Tisch für mich frei gehalten. Ich stärke mich erstmal mit einem
Schinkenbocadillo und gönne mir trotz Mittagszeit schon ein Bier,
denn heute gibt es was zu feiern. Ich habe die Hälfte des Camino

Francés geschafft! 402 Kilometer liegen hinter mir und nur noch 402 Kilometer vor mir. Die Gespräche drehen sich jetzt natürlich um die heutige Etappe. Ein jeder berichtet, wie er diese erlebt hat. Man hört keinerlei Klagen, alle waren auf dieser Strecke frohen Mutes.

Jetzt wandern wir durch das Adobe, des Lehms. Viele Häuser der kommenden, kleinen Dörfer sind aus getrockneten Lehmziegeln gebaut und teilweise auch lehmverputzt. Leider sehe ich auch einige verfallene Häuser. Der Weg führt nun durch trostloses Brachland bis nach Ledigos, welches Wolfgang und ich um 14:30 Uhr erreichen. In der rustikalen Herberge El Palomar nehmen wir beide ein Doppelzimmer zu einem Preis von 10,- Euro pro Person. Als ich auf der Liegewiese mein wohlverdientes Bier trinke, lerne ich Karin aus Wittenberg kennen. Mit ihr unterhalte ich mich ziemlich lange, denn sie ist nicht zum ersten Mal auf dem Camino und schwärt mir vom portugiesischen Pilgerweg vor. Dieser Weg wäre ersten viel grüner als der Camin Francés und auch nicht so schwierig, denn es geht seltener die Berge hoch und runter. Ein leichter Camino also und nur 300 Kilometer lang. *Den musst du auch machen, aber diesmal nicht alleine, sondern mit deiner besseren Hälfte,* geht es mir während ihrer Schilderung durch den Kopf. Mit diesem Gedanken schlafe ich dann gegen 21:00 Uhr ein.

Mittwoch, 2.Mai 2018 von Ledigos nach Bercianos del Real Camino

27,5 km

Heute ist wieder ein besonderer Tag, denn meine bessere Hälfte hat Geburtstag. Ohne sie, wäre ich heute nicht hier. Sie hatte mich immer ermutigt: „Erfülle dir diesen Lebenstraum. Du schaffst das!" In den zurückliegenden Tagen, in denen ich auch so manchen Tiefpunkt hatte, war sie es, die mich immer wieder aufgerichtet hat. Ich kann nur sagen Danke, Danke dafür, dass ich hier sein darf.

Heute bin ich mit Wolfgang zusammen schon um 7:00 Uhr ohne Frühstück losgezogen. Gestärkt haben wir uns dann nach 3,5 Kilometer im nächsten Ort, wo eine Bar bereits geöffnet hat. Jetzt geht es durch eine Hügellandschaft immer leicht bergauf und bergab. Teilweise führt der Weg über Schotterpisten oder längs einer wenig befahrenen Landstraße. Die links und rechts liegenden Weizenfelder begleiten uns, bis wir um die Mittagszeit den Ortseingang von Sahagún erreichen. Überdeutlich weisen uns Pfeile daraufhin, nicht direkt zur Ortsmitte zu wandern, sondern einen Umweg in die Felder einzuschlagen, denn hier in der Nähe einer Kapelle, hat die Stadt Sahugin ein Denkmal errichtet, welches die Hälfte des Camino Francés markieren soll. Laut unserem Pilgerführer haben wir diese Marke jedoch schon längst hinter uns. Aber dieses Tor bietet natürlich ein beliebtes Fotomotiv. Hier ist auch richtig Betrieb. Wir müssen warten, bis wir an der Reihe sind, um uns für ein Foto zwischen den beiden Säulen zu posieren. Anschließend fülle ich in der City zuerst meinen Geldbeutel und esse dann in einer Bar eine Tortilla.

Nach Sahagún teilt sich der Jakobsweg wieder in zwei Wegalternativen. Wir entscheiden uns für den Hauptweg, der laut

Pilgerführer allerdings nicht so schön sein soll, da er größtenteils wieder entlang einer Landstraße führt. Die empfohlene Nebenstrecke ist uns aber zu unsicher. Würden wir diesen Weg einschlagen, wäre bis zur nächsten Übernachtungsmöglichkeit eine fast 40 Kilometer lange Etappe fällig, und die wollen wir uns heute nicht zutrauen.

Nach 27,5 Kilometern haben wir in Bercianos del Real Camino eine Unterkunft gefunden. Das Hostel Berianos 1900 befindet sich gleich am Ortseingang und ist im Pilgerführer nicht aufgelistet, da es erst im Herbst 2017 eröffnet wurde. Ein Bett kostet hier 20,-Euro. Gespannt, ob sich der Mehrpreis lohnt, schauen wir uns um. Wir werden in einem 4-Bettzimmer mit 2 Stockbetten und einem eigenen Badezimmer nächtigen. Jedes Bett hat hier eine eigene Leselampe und eine Steckdose und kann durch einen Vorhang verdunkelt werden. Das ist okay.

Nach der Ortsbesichtigung setzen wir uns in die Bar des Hostels, denn hier wird auch wieder ein Pilgermenü angeboten. Im Nachhinein kann ich sagen, dass ich hier mein schlechtestes Pilgermenü des ganzen Weges gegessen habe. Wolfgangs Spagetti waren noch kalt und mein Fisch war an der dicksten Stelle noch roh. Nach der Beschwerde wurde zwar nachgebessert, aber gut geschmeckt hatte das Essen auch nicht.

Zwischendurch nehme ich mit Marc Kontakt auf. Ich will mal fragen, wie es ihm geht, wo er gerade ist und natürlich möchte ich ihm auch stolz mitteilen, dass ich die Hälfte des Camino Francés geschafft habe. Ich vermute ihn weit vor mir und bin daher sehr erstaunt, als er mir zurückschreibt, er sei erst in Calzadilla de la Cueza, circa 35 Kilometer hinter mir. Er hatte eine zweitägige Pause einlegen müssen, da das viele laufen auf Asphalt mit den dünnen Sohlen, seine Füße sehr in Anspruch genommen hatte. Er hat sich jetzt auch ein Paar Joggingschuhe gekauft.

Trotz des schlechten Essens, lassen wir uns unsere gute Laune nicht vermiesen, denn ich habe ja noch was zu feiern. Ich trinke 2, 3 Gläschen auf das Wohl meines nicht anwesenden Geburtstagskindes, meiner Frau. Prost, Prost mein lieber Schatz!

Donnerstag, 3. Mai 2018 von Bercianos del Real Camino nach Mansilla de las Mulas   26,9 km

Dieser Weg liegt noch vor mir.

Heute bin ich den 17. Tag unterwegs.

Wir sind mal wieder ohne Frühstück gestartet und da dieser Streckenabschnitt flach ist und ich meine Karre über Asphalt ziehe, kann ich mit Wolfgangs Wandertempo gut mithalten. Nach 7,8 Kilometern erreichen wir in knapp 2 Stunden El Burgo Ranero, wo uns ein Riesenbocadillo mit Schinken, Käse und Tomaten als Frühstück mundet. Ich schaffe es auch jetzt nur zur Hälfte und habe dadurch mal wieder Geld für das Mittagessen gespart. Jetzt folgen weitere 12 Kilometer längs einer wenig befahrenen Straße. Somit kann ich wieder über Asphalt rollen. Die eigentliche Herausforderung besteht nun darin, dass man keinen Orientierungspunkt hat. Links und rechts befinden sich ebene Felder, die entweder grün sind oder aus kargen, roten Böden bestehen. Der einzige Baumbestand den ich sehe, ist eine Platanenreihe, die die Straße begleitet. Dieses Straßenband reicht scheinbar bis in die Unendlichkeit. Das Ziel will einfach nicht näher rücken. Unserer heutiges Tagesziel, Mansilla de las Mulas, erreichen wir nach 27 Kilometern über Regelios. Das war heute wieder mal eine äußerst unspektakuläre Etappe.

Unser Gespräch kreist jetzt um meine Karre. Wolfgang meint, dass ich mir doch mal Gedanken mache solle, wie ich die Laufeigenschaft meiner Karre verbessern könnte. Er empfiehlt eine Einzelradaufhängung mit Stoßfänger, denn dann würde die Karre nicht so ruckeln und ich hätte es einfacher. Ich hätte ja schließlich einen kompetenten Mann an der Hand, der in der Branche tätig ist, meinen Sohn.

Die Tageslosung heißt jetzt wieder, uns Schritt für Schritt Santiago de Compostela zu nähern. Wir hatten uns vorher eine kleine Pilgerherberge mit 18 Betten ausgesucht, aber da diese Herberge schon ausgebucht ist, geht es nun weiter zur nächsten. In der Herberge Jardin del Camino erhalten wir beide dann endlich ein Bett.

Diese Herberge hatten wir an die zweite Stelle gesetzt, weil nur ein Schlafsaal mit 34 Betten angeboten wird. Also wird das mal wieder eine unruhige Nacht. Ein weiteres Problem besteht darin, dass nur 8 Steckdosen zur Verfügung stehen und jeder natürlich sein Handy aufladen will. Ich schaue immer wieder nach, ob eine Steckdose frei ist. Irgendwann habe ich dann Glück. Ich mache mir folgende Notiz: Wenn du eventuell ein weiteres Mal pilgern gehst, nimm einen Steckdosenverteiler mit!

Zu der Herberge gehört ein großer Garten mit Sonnenliegen und Schirmen und unter einem davon entdecke ich das rot leuchtende FC-Trikot von Tobi. Diese Liegewiese können wir jetzt voll genießen, denn es ist angenehm warm und Sonne strahlt von einem wolkenlosen Himmel. Bei unserem wohlverdienten, kühlen Bier beschließen Wolfgang und ich in Leon, unserm Ziel für Morgen, ein Hotelzimmer zu nehmen.

Auf einem bekannten Reiseportal finde ich auch sofort ein günstiges Zimmer in einem 4-Sterne Hotel, direkt im Zentrum. Sind 90,- Euro okay? Klar, schon ist der Button „Jetzt buchen" gedrückt. Damit haben wir wieder eine Sorge weniger, denn wir merken, dass auf dem Camino immer mehr Pilger unterwegs sind und das Finden einer Übernachtungsmöglichkeit schwieriger wird.

Unser Pilgermenü essen wir hier in der Herberge. Es gibt wieder reichlich und es schmeckt richtig gut. Ich war ja heute Nachmittag etwas skeptisch, wegen der Nachtruhe mit 34 Mitschläfern (alle Betten sind auch belegt), aber dank meiner persönlichen Ohrstöpsel kann ich gut und durchgängig schlafen.

Freitag, 4. Mai 2018 von Mansilla de las Mulas nach Leon

18,6 km

Der Himmel ist klar, doch mir pfeift ein eisig kalter Wind ins Gesicht, als ich morgens um kurz vor 7:00Uhr starte. In einer Bar in Puente Villarente kann ich mir an einer heißen Tasse Tee meine Finger aufwärmen.

Kurz vor Leon wartet noch eine Herausforderung auf mich, denn wegen einer Baumaßnahme musste der Pilgerweg verlegt werden. Zuerst geht es über eine steile Straße bergauf, bis ich auf der Höhe Antennenmasten erreiche. Von hier oben habe ich einen fantastischen Blick auf Leon, das mir jetzt zu Füßen liegt. Der Abstieg nach Leon erfolgt jetzt über eine steile Schotterpiste, mit vielen großen Steinen.

Ich muss meine Karre nun erstmals über eine längere Strecke vor mir den Berg hinabrollen lassen. Nach einer knappen halben Stunde ist aber auch diese Herausforderung gemeistert. Die Karre hält was sie verspricht.

Der Name Leon leitet sich übrigens nicht, wie zu vermuten wäre, von Löwe ab, sondern von Legio, einer römischen Legion.

Um 12:30 Uhr erreiche ich das Zentrum von Leon und suche in der Fußgängerzone erstmal ein Sportgeschäft auf. Ich möchte meine Ausrüstung noch verbessern, denn ganz zufrieden bin ich momentan nicht damit. Es stört mich, dass ich das Trinksystem auf der Karre befestigt habe. Die Möglichkeit, jederzeit einen Schluck Wasser trinken zu können, vermisse ich doch sehr. In dem Laden kaufe ich mir dann den kleinsten und leichtesten Rucksack, der zu bekommen ist, denn in diesen möchte ich dann nur noch den Trinksack packen.

Ich hoffe natürlich, dass die 1,5 Kilo meinem Rücken keine Probleme machen werden. Im Nachhinein kann ich sagen, dass ich jetzt die optimale Ausrüstung hatte.

Auf dem Rathausplatz warte ich auf Wolfgang, der auch kurz darauf eintrifft. Jetzt geht's erst mal zum Hotel Alfonso V, um dort unserer Sachen loszuwerden und um zu duschen. Dann starten wir zu einer ausgiebigen Stadtbesichtigung.

Unser erster Gang führt uns natürlich zur Kathedrale, die im 13./14. Jahrhundert im Stil der französischen Gotik erbaut wurde. Diese Kirche gefällt mir um einiges besser als die Kathedrale von Burgos. Der Innenraum ist offen, so kann mein Blick ungebremst in die Höhe schweifen, und die Mächtigkeit der Kirche auf mich einwirken. Des Weiteren lassen die fast 200 schön verzierten Glasfenster genügend Licht ins Innere treten. Da der Eintrittspreis auch einen deutschsprachigen Audioguide enthält, erhalte ich über die Kunstwerke, die mich interessierten, auch einige Informationen. Auf dem weiteren Stadtbummel treffen wir Mark aus Toronto. Er führt uns zu einer versteckt gelegenen spanischen Weinschenke. Unter Weinreben trinken wir hier so manches edle Tröpfchen und bekommen dabei viele Fotos aus Kanada zu sehen. Mark hat nämlich sein iPad dabei auf dem er uns Fotos aus seiner Heimat zeigt. Anschließend bummeln wir in die Altstadt von Leon. Mit ihren verwinkelten Gässchen und alten Häusern wird es das Barrio Húmedo (das „feuchte Viertel") genannt. Immer wieder gehen wir über kleine oder große Plazas mit einem vielfältigen Gastronomieangebot. Hier, in einer versteckten Bar, verdrücken wir zu dritt einen Riesenteller mit Tapas. So fühlt sich südländisches Flair an. Wolfgang und ich sind wohl etwas schwankend zu unserem Hotel zurückgekehrt.

Samstag, 5. Mai 2018 von Leon nach Villar de Mazarife

21,5 km

Da wir das Hotel gemeinsam verlassen wollen und Wolfgang ein Langschläfer ist, wird heute erst um 8:00 Uhr gestartet. Der Jakobsweg führt uns noch einmal an der Kathedrale vorbei, in deren Schatten wir eine Bar finden, in der wir frühstücken können.

So sicher, wie wir nach Leon hineingeführt wurden, so gut finden wir auch wieder hinaus. Die Wegkennzeichnung ist einfach super. Während wir bei kühler Luft durch die Straßenschluchten wandern, passieren wir auch das Kloster San Marcos mit seiner monumentalen Fassade. Weiter geht es fast 1 ½ Stunden lang durch die wenig ansprechende Vorstadt und durch Gewerbegebiete. So was macht beim besten Willen kein Spaß. Nach La Virgen del Camino gibt es wieder zwei Wegalternativen. Wir entscheiden uns in diesem Fall für die empfohlene, denn diese erheblich schönere und interessantere soll nur 3,4 km länger sein. Ich habe es nicht bereut. Bei strahlend blauem Himmel durchwandern wir über einsame Pisten die Weite der kastilischen Brachlandschaft. Man hat wohl keinen Schatten, sieht aber links und rechts des Weges vereinzelte Bäume oder Sträucher, zwischen denen sich eine ausgedehnte Graslandschaft erstreckt. So stelle ich mir zum Beispiel eine Steppe wie im Krüger-Nationalpark in Afrika vor. Nur gibt es hier keine Löwen.

Mit der Zeit wird die Landschaft immer karger und es ist nur noch rotbrauner Boden zu sehen. Wolfgang schwächelt etwas und weil ich meinen eingeschlagenen Schritt nicht verändern will, bleibt er zurück. Um 13:00 Uhr, nach 21,5 km habe ich Villar de Mazarife erreicht. Das soll für heute reichen, denn nach meiner Wegeplanung für den gesamten Pilgerweg, liege ich ja in einem Übersoll.

Als erstes steuere ich die Herberge mit der geringsten Bettenzahl an. Tio Pepe bietet 22 Betten in 5 Schafräumen an und ich habe das Glück, das letzte freie Bett zu erhalten. Ich bin zwar der Erste in der Herberge, doch die anderen Schlafplätze sind alle reserviert. So langsam aber sicher muss ich mir auch mal überlegen, ob ich die Übernachtungsmöglichkeit für den nächsten Tag nicht auch vorweg reservieren sollte. Auf Grund meiner eher bescheidenen Sprachkompetenz hatte ich einen Anruf in einer Pilgerherberge bis jetzt gescheut und auf mein Glück vertraut, noch ein freies Bett zu bekommen.

In der Zwischenzeit ist auch Wolfgang eingetroffen. Er fühlt sich jetzt wieder fit genug, um noch bis zum nächsten Ort zu wandern. Bei einem Bier sprechen wir dann über die Problematik der momentanen Herbergssuche. Er ruft sofort eine Herberge im nächsten Ort an und bekommt auch noch ein freies Bett. Somit kann er die vor ihm liegenden 10 Kilometer sorglos antreten.

Beim Pilgermenü komme ich mit Klaus aus Regensburg ins Gespräch, der heute seine erste Etappe von Leon aus hinter sich hat. Ihm tut alles weh - die Füße, die Muskeln, alles. Er berichtet mir, dass er ganz spontan auf die Idee gekommen sei, den Jakobsweg zu gehen, weil er wegen eines Jobwechsels 2 Monate Zeit habe. Er habe sich also eine Pilgerausrüstung gekauft und sei von heute auf morgen nach Leon geflogen. Große Wandererfahrung habe er auch nicht und er wäre heute zum ersten Mal 20 Kilometer an einem Stück gelaufen. Ich habe ihm gut zu gesprochen, „Der Muskelkater wird verschwinden, wenn du weiter wanderst und du bist ja auch noch jung. Du schaffst das!"

Sonntag, 6. Mai 2018 von Villar de Mazarife nach Astorga

32,5 km

Heute will ich wieder früh starten und habe um halb sieben meinen Seesack gepackt. Jetzt muss ich nur noch meine Karre holen, die ich im Innenhof der Herberge untergestellt hatte. Diesen kann man allerdings nur über den Gastraum erreichen, der, wie ich leider feststellen muss, momentan noch verschlossen ist. Ich muss also noch eine halbe Stunde warten, denn um 7:00 Uhr soll es ja Frühstück geben.

Der Wirt kommt zum Glück schon etwas früher vorbei und so kann ich doch noch verhältnismäßig zeitig starten.

Zuerst marschiere ich längs einer wenig befahrenen Straße, doch dann kommt ein recht schöner Streckenabschnitt. Ich gehe nun über eine Schotterpiste, die unter einem Blätterdach und an einem Bach entlang führt. Nach 10 Kilometern erreiche ich Villavante, wo ich in einer Bar mal ein Schweineöhrchen mit schwarzem Tee genieße. Noch eine kleine Anekdote über meine Teebestellungen. Ich versuchte immer, diese auf Spanisch vorzubringen, wobei ich schon so manche Bedienung in Verwirrung gestürzt hatte. Ich wusste, dass „schwarz" auf Spanisch „negro" heißt und Tee auf Spanisch „ Te". Daher hatte ich einfach eins zu eins übersetzt. Ich bestellte also einen „negro te". Das ist natürlich, wie ich heute weiß, falsch, denn es musste richtigerweise „te negro" heißen.

Vor dem Hospital de Orbigo überquere ich den Fluss Orbigo über eine spektakuläre Römerbrücke. In den letzten Tagen hatte ich immer nur flache Etappen durch teilweise recht trostlose Landschaften. Jetzt wird die Landschaft wieder etwas hügeliger und grüner. Die Natur kehrt zurück, denn ich durchquere die Maragateria, benannt nach ihren Bewohnern, dem Volk der Maragatos. Diese waren Fuhrleute, die im Mittelalter für den Warentransport zuständig waren. Von weitem kann ich schon Astorga mit der markanten Silhouette der Kathedrale erkennen, und nach entspannten 32,5 Kilometern habe ich die Stadt, und damit auch mein Etappenziel um 14:30 Uhr erreicht.

Je näher ich dem Stadtzentrum komme, umso voller wird es auf den Bürgersteigen, denn ich folge den sonntäglichen Ausflüglern. So komme ich zum Plaza Espana, der mit reichlich Außengastronomie umsäumt ist. Und wen erblicke ich im Schatten eines Sonnenschirmes und mir zuwinkend? Wolfgang mit einem Glas Bier in der Hand. Jetzt muss ich auch erst mal meinen Durst löschen und einen Begrüßungstrunk zu mir nehmen. Wolfgang hat sich wieder ein Hotelzimmer geleistet und will mich überreden im gleichen Hotel einzuchecken. Ich habe mir allerdings schon vorgenommen, mal wieder in einer städtischen Herberge zu übernachten. Wir verabreden uns dann aber zu einem gemeinsamen Abendessen.

Bei der Anmeldung in der städtischen Herberge Siervas de Maria wird jeder Pilger in eine Liste eingetragen, in der vermerkt wird, von welchem Ort und wann man seinen Pilgerweg begonnen hat. Ich bekomme wieder ein unteres Bett in einem hellen 6-Bettzimmer.

Nachdem ich mich wieder häuslich eingerichtet habe und frisch geduscht bin, starte ich zu der obligatorischen Stadtbesichtigung. Astorga war schon zur Römerzeit und im Mittelalter eine wichtige Station auf dem Jakobsweg. Mein erster Weg führt mich natürlich zuerst zur Kathedrale Santa Maria, die neben dem verspielten, neugotischen Bischofspalast von Gaudí liegt.

Wie ich so vor der Kirche, auf einer Bank sitzend, die beeindruckende Fassade der Kathedrale bewundere, steht auf einmal Karin vor mir, die ich in Ledigos kennengelernt hatte.

Als ich wieder zum Plaza Espana zurückkomme, sehe ich Klaus, der gerade ein Pilgermenü verspeist. Jetzt muss ich natürlich mein zweites Begrüßungsbier trinken, bei dem mir Klaus sein Leid klagt. Kurz vor Astorga habe er nicht mehr weitergehen können, weil seine Kräfte ihn auf einmal verlassen hätten. Er habe sich also ein Taxi bestellt und die letzten fünf Kilometer auf vier Rädern zurückgelegt. Aber jetzt, nach der Stärkung fühle er sich schon wieder besser und er möchte auf jeden Fall morgen früh weiter gehen. Ich spreche ihm Mut zu und verrate, dass ich bei meiner allerersten Etappe die letzten Kilometer bis zur Herberge mit einem Bus zurückgelegt hatte.

Jetzt ist es aber Zeit Wolfgang zu treffen. Wir leisten uns heute ein etwas treures Pilgermenü in einem Hotel. Als Vorspeise gibt es Paprika mit einer Kabeljaufüllung und als Hauptgang Kalbsschnitzel mit Pommes, dazu einen süffigen Wein. Um 21:30 Uhr schließe ich dann selig meine Äugelein.

Montag, 7. Mai 2018 von Astorga nach Foncebadon

26,8 km

Von Astorga bis zu den Bergen von Leon erstreckt sich eine hügelige Landschaft, die Vegetation ist karg und unfruchtbar.

Heute starte ich bereits um 7:00 Uhr und die ersten 20 Kilometer führen mich über Schotterpisten beständig bergauf. In Richtung Montes de Leon gehend, und eine Felsbarriere überquerend, führt mich der Weg zu dem, mit 1517 m, höchsten Punkt meiner gesamten Pilgertour. Es herrscht herrlichstes Wanderwetter, blauer Himmel mit Schäfchenwolken. Ich komme gut voran und erreiche um 12:30 Uhr nach 300 m überwundenem Höhenunterschied, bereits Rabanal del Camino. Ich bin gut drauf und beschließe deshalb, die nächsten 200 Höhenmeter bis nach Foncebadon in Angriff zu nehmen, denn dann bin ich kurz vor dem Cruz del Ferro, einem der symbolträchtigsten Orte des gesamten Jakobsweges. Ich könnte dann in den frühen Morgenstunden zum Kreuz hinaufgehen, um dort den Sonnenaufgang zu genießen. So sieht mein Plan für morgen aus. Dass alles ganz anders verlaufen wird, weiß ich ja noch nicht.

Teilweise führen mich schmale Trampelpfade durch eine blühende Heidelandschaft mit Stechginster steil bergauf. Ab und zu ist auch ein Eichenwäldchen zu sehen. Auch auf dieser Etappe gibt es ein paar schwierige Streckenabschnitte zu überwinden, etwa steile ausgewaschene Steintreppen. Ich muss meine Karre über jede einzelne Stufe hinaufzerren, trotzdem bin ich nach der ganzen Plackerei schon um 14:00 Uhr in Foncebadon. Im 10.Jahrhundert hatte in diesem kleinen Bergdorf sogar ein Kirchenkonzil stattgefunden. Es war im Mittelalter eine wichtige Station des Jakobsweges. Später verfiel dieser Ort, sodass nur noch einige verfallene Bruchsteinhäuser dort standen. Erst seit dem ahre 2000 wurde die Wiederbelebung des Ortes in Angriff genommen, sodass auf den Pilger heute sogar fünf Pilgerherbergen warten.

In der Zwischenzeit nehme ich Kontakt mit Wolfgang auf, der mir mitteilt, dass er auch auf dem Weg hierher sei und mich bittet, auch für ihn und seine Begleitung ein Bett zu reservieren. In der ersten Herberge sind keine drei Plätzchen mehr frei, aber in der Nachbarherberge Monte Irago kann ich uns alle drei unterbringen.

Ich bin gerade frisch geduscht und sitze mit einen Salatteller und einem frischen Bier auf der kleinen Terrasse vor der Herberge, da kommt auch Wolfgang mit seiner Begleitung, einem Schweizer. Wolfgang hat schon einen schweren Rucksack von 14,7 kg Gewicht zu schleppen, aber dieser Schweizer schießt den Vogel ab. Sein Rucksack sei 16 kg schwer, verrät er, denn er wolle auf alle Eventualitäten eingestellt sein. Ich glaube, auf alles kann man sich gar nicht einstellen, deshalb kann man sich das Leben auch etwas leichter machen.

Heute gibt es wieder ein gemeinsames Pilgermenü. Alle Gäste versammeln sich um einen langen Holztisch und es werden Tapas und eine Paella aufgetragen. Dabei wird natürlich wieder viel gequatscht und dem Tinto gut zugesprochen.

Dienstag, 8. Mai 2018 von Foncebadon nach Molinaseca
    20,1 km

Heute hat mir der heilige Jakob eine schwere Bürde auferlegt.

In meiner Fantasie habe ich den heutigen Tag in den schönsten Farben ausgemalt, die entsprechende Planung hat ja hervorragend geklappt. Ich bin nur noch eine knappe Stunde Fußmarsch von Cruz de Ferro entfernt, wo ich wie jeder andere Pilger auch, einen Stein, als symbolisches Zeichen der inneren persönlichen Lasten, ablegen will.

Meinen Stein hatte ich vom „Death Railway" aus Thailand, bekannt auch durch den Film „Die Brücke am Kwai", mitgebracht. Diese

Bahnstrecke des Todes wurde im 2. Weltkrieg von 60 000 japanischen Kriegsgefangenen aus Australien, Großbritannien und den Niederlanden, unter menschenunwürdigsten Bedingungen gebaut. Vielleicht hat ja einer der Gefangenen diesen Stein aus den Felsen gebrochen und ich bringe ihn nach so vielen Jahren an diesen außergewöhnlichen Ort. Ich hatte mir vorgenommen, sehr früh aufzubrechen, um dort oben den Sonnenaufgang zu erleben.

Ich stehe also schon im Dunkeln auf, packe leise meinen Sack und begebe mich erwartungsfroh zu meiner Karre. Jetzt den Sack schnell festzurren, und schon kann's losgehen. Doch weit gefehlt. Geschockt starre ich auf den geflickten Reifen. Er hat einen Plattfuß.

Regungslos stehe ich vor dem Malheur, während in meinem Kopf das wohl gebräuchlichste Wort im deutschsprachigen Raum seine Kreise zieht: Sch…, Sch…" Doch Aufgeben gilt nicht. „Ich schaffe das! Ich schaffe das!".

Ich packe also mein Flickzeug aus, montiere das Rad ab, besorge eine Schüssel mit Wasser und ran geht's an die Arbeit. In der Zwischenzeit ist Wolfgang aufgestanden und versorgt mich mit einem Frühstück. Das Flicken dauert natürlich seine Zeit und so bin ich einer der letzten, der von der Herberge startet.

Ich bin etwa eine halbe Stunde unterwegs, da merke ich, dass der Karren wieder unrund läuft und oh Schreck, der Reifen ist schon wieder platt. Entweder habe ich den Flicken nicht richtig auf das Loch geklebt oder nicht alle Dornen aus dem Mantel entfernt. Sei's drum, weiter geht's, ich schaffe das auch mit einem Plattfuß. Ich muss nur immer wieder den Reifen vollpumpen, schließlich habe ich ja jetzt eine hervorragende Luftpumpe.

Als ich um 9:00 Uhr am Cruz de Ferro, dem „Eisernen Kreuz" stehe, ist die Sonne natürlich aufgegangen. Außerdem herrscht hier nun ein solcher Betrieb, dass ich das Gefühl habe, mitten auf dem Westenhellweg, der Einkaufsstraße von Dortmund, zu stehen. Mehrere Busladungen von Touristen bevölkern diesen besonderen Ort jetzt. Immer wieder wird vor dem Kreuz für ein Foto posiert. Es herrscht ein unglaubliches Gewusel. Erst nach einiger Zeit wird es ruhiger, und so kann ich in einem stillen Moment und unter Tränen, endlich meinen Stein ablegen.

Anschließend trockne ich mein Gesicht und atme drei Mal tief durch. Weiter geht´s.

Nachdem ich den Reifen aufgepumpt habe, geht es jetzt über steinige Pfade durch eine schöne, wenig bewaldete Bergheidelandschaft abwärts. Bei meinen halbstündlichen Aufpumppausen kann ich traumhafte Aussichten genießen. Was dabei etwas stört sind die vielen Wandertouristen.

Kurz vor 12:00 Uhr habe ich El Acebo erreicht. In einer Bar frage ich nach einer Schüssel mit Wasser, denn ich will nochmal einen Flickversuch starten, doch entweder will man mir nicht helfen oder man hat mich nicht richtig verstanden. Auf jeden Fall verlasse ich enttäuscht die Bar. Doch als ich meine Karre bereits wieder angeschirrt habe, kommt doch ein Mann mit einer Schüssel heraus und erklärte mir, dass hinter dem Hause ein Bach wäre. Also gehe ich wieder frisch ran ans Werk und finde tatsächlich noch einen Dorn im Mantel. Den muss ich heute Morgen wohl übersehen haben.

Am Ortsende von El Acebo befindet sich ein Denkmal in Form eines kaputten Fahrrads. Es wurde zum Gedenken an einem verunglücken Radpilger hier aufgestellt. Hoffentlich passiert mir das nicht auch, denn ich renne fast den Berg herunter und überhole alles, was mir in die Quere kommt. Ich will nur noch ein Bettchen haben, um dort zur Ruhe zu kommen und um meine Gedanken zu sortieren. Durch das Nachtigallen Tal erreiche ich dann um 14:30 Uhr Molinaseca, wo ich nach 20 Kilometern für heute auf jeden Fall Schluss machen möchte.

Am Ortseingang betrete ich eine alte Römerbrücke, die den Rio Meruelo überspannt. In einem Biergarten auf der anderen Seite, fällt mein Blick plötzlich auf ein mir bekanntes, gelbes T-Shirt. Wolfgang genehmigt sich gerade sein erstes Bier. Er sei in dem nahe gelegenen Hostel untergekommen, teilt er mir mit, doch ich bekomme dort leider kein Bett mehr. Trotz Fragerei, kann ich die im Pilgerführer erwähnten Herbergen nicht sofort finden und da ich sowieso gerne allein sein will, frage ich im Hotel Molina Real nach, wo ich das letzte freie Zimmer erhalte. Ich bin jetzt froh und glücklich, dass ich es mal wieder geschafft habe.

Dieser aufregende Tag, mit den vielen Tiefen und Höhen muss jetzt natürlich noch entsprechend beendet werden. Ich habe mich mit Wolfgang zu einer kleinen Ortsbesichtigung verabredet, die wir auf einer sonnigen Terrasse mit einem kühlen Bier beenden. Hier gefällt es uns, und so bleiben wir gleich sitzen und essen hier auch unser Pilgermenü. In der Zwischenzeit hat sich auch ein deutscher Pilger mit an unseren Tisch gesetzt und so gibt es viel zu erzählen. Ich bin dann mal wieder erst im Dunkeln und leicht schwankend zu meinem Hotel zurückgekehrt.

Mittwoch, 9. Mai 2018 von Molinaseca nach Cacabelos

23,1 km

Noch vor dem Frühstück setzte ich den, in der Nacht getroffenen Entschluss, in die Tat um und montiere den Ersatzschlauch auf den Reifen. Wenn man mich jetzt fragt, warum ich dies nicht früher gemacht und stattdessen immer wieder den Schlauch geflickt habe, kann ich es nicht sagen. Vielleicht hatte ich folgenden Gedanken im Hinterkopf: Wenn du jetzt den Ersatzschlauch montierst, dann ist dies die letzte Chance nach Santiago de Compostela zu kommen. Wenn der auch platt ist, dann kommst du nicht mehr vorwärts. Das ich diesen dann ja auch flicken könnte, auf diese Idee bin ich nicht gekommen. Ich hatte da wohl eine Blockade. Jetzt ist diese Entscheidung jedenfalls gefallen. Ich schaffe das!

Das Frühstück in diesem Hotel ist jetzt aber spitze. Zu den knusprigen Brötchen gibt es neben der Marmelade auch eine spanische, scharfe

Salami und den leckeren Schinken. Getrunken habe ich neben meinem obligatorischen schwarzen Tee sogar frischen Orangensaft. Ich habe mir natürlich 2 Mittagsbrötchen geschmiert.

Um 7:45 Uhr bin ich dann gestartet und bis nach Ponferrada größtenteils über Asphalt gelaufen. Ponferrada ist eine Stadt mit über 65 000 Einwohnern und ich hoffe dort einen Fahrradladen zu finden. Um die Suche etwas zu vereinfachen, hatte ich zuvor einen Zettel vorbereitet, auf dem ich in Spanisch nach einem solchen frage.

Als ich dann die Stadt betrete, spreche ich gleich eine vor mir her gehende Familie an und zeige ihnen meinen Zettel. Ohne viel Federlesens nehmen sie mich an die Hand und führen mich nach 10 Minuten Fußweg tatsächlich zu einem Fahrradladen.

Hier bekomme ich neben dem Flickzeug, auch, oh Wunder, einen 16 Zoll Schlauch. Der freundliche Fahrradmechaniker nimmt sich dann sogar noch meine Karre zur Brust und kontrolliert die Dichtigkeit der Schläuche. Er findet tatsächlich noch einen weiteren kleinen Dorn im Mantel, der mir später sicher noch so manchen Kummer bereitet hätte. Ich klatsche ihn ab und ich umarme ihn dankend, bevor ich mich dann wieder auf den Weg mache.

Ich schreibe Wolfgang an und er antwortet, dass er in einer Bar am Fuße der Templerburg auf mich warte. Die Templer waren Ritter und Mönche zugleich. Sie machten sich den Schutz der heiligen Stätte und der Pilgerwege zur Aufgabe. Die Templerburg von Ponferrada, erbaut im 12./13. Jahrhundert, ist eines der bedeutendsten Zeugnisse der spanischen Militärarchitektur. Wir besichtigen sie während eines einstündigen Rundgangs. Der Anblick all der runden Türmchen, hohen Mauern und der eckigen Schießscharten versetzt mich auf einmal in meine Kindheit zurück. So eine Ritterburg hatte ich auch besessen und als Ritter Ivanhoe, König Richard Löwenherz besucht.

Es macht richtig Spaß, hier herumzugehen, durch die Schießscharten zu linsen und die Steinschleudern zu bestaunen.

Da es jetzt meistens wieder über Asphalt geht und eben ist, kann ich mit Wolfgangs Tempo gut mithalten (oder ist er etwa extra langsam gegangen?), und wir wandern die nächsten Kilometer gemeinsam. Hinter Camponaraya machen wir in einer Bodega eine Weinprobe. Jeder Pilger erhält für 1,50 Euro ein Gläschen Wein und eine Empanada, eine traditionelle, spanische Pastete. Es bleibt natürlich nicht bei einem Glas. Da nur noch 5 Kilometer vor uns liegen, können wir uns ruhig ein Gläschen mehr genehmigen.

Jetzt betreten wir das liebliche Weinanbaugebiet El Bierzo, wobei wir stets einen Blick auf das dahinterliegende Kantabrisches Gebirge, die natürlich Grenze zwischen den Provinzen Kastilien-Leon und Galicien haben.

Um 16:30 Uhr haben wir unser heutiges Tagesziel Cacabelos erreicht und schlagen in der Pension La Gallega in einem 4-Bettzimmer unser Lager auf. Diese Betten hatten wir telefonisch reserviert und wollen das auch für die nächsten Übernachtungen so handhaben. Nach einer kurzen Ortsbesichtigung kommt Hunger auf und wir bestellen uns in der Bar eine Pizza Frutti di Mare. So eine schmackhafte Pizza habe ich schon lange nicht mehr gegessen. Sie ist reichlich mit Tintenfisch belegt und die fruchtige Tomatensoße mit Oregano schmeckt man deutlich heraus. Das Tollste kommt jetzt noch. Da ich bereits einen halben Liter Bier getrunken habe, bestelle ich nur noch ein kleines Bier, ich betone extra: „Small". Aber der Ober hat mich wohl falsch verstanden und bringt uns beiden jeweils ein ganzes Maß. Prost, so was lässt man natürlich nicht zurückgehen.

So ein toller Tag und so viel wieder erlebt. Man hat es doch gut. Der Jakobsweg verwöhnt uns. Ich schaffe das.

Donnerstag, 10. Mai 2018 von Cacabelos nach Trabadelo

19,0 km

Da wir für heute eine kurze Etappe geplant haben und die Betten in Trabadelo bereits reserviert sind, beginne ich den Tag zur Abwechslung mal ganz gemütlich.

Als wir starten hat die Sonne die Luft bereits aufgewärmt, und so marschiere ich gleich mit kurzer Hose los. Nachdem wir den Ort über Bürgersteigplatten verlassen haben, wandern wir leicht bergauf und bergab durch Weingärten, bis wir nach 7,4 km Villafranca del Bierco erreicht haben. Pilgern, die krank waren und den Weg nicht mehr fortsetzten konnten, wurde im Mittelalter bereits hier der Ablass von allen Sünden gewährt. Da wir beide noch putzmunter sind, setzen wir unseren Weg aber fort.

Ab hier bieten sich zwei Wegalternativen an, die unterschiedlicher nicht hätten sein können. Der reguläre Pilgerweg verläuft weiter in der Ebene, aber längs einer vielbefahrenen Landstraße. Die Nebenstrecke „Camino duro" ist 2 Kilometer länger und verläuft steil bergauf mit über 300 Höhenmetern und soll teilweise nur über Trampelpfade führen. Dies ist auch der Grund, warum ich mich für die einfache Variante entscheide, denn jedes Mal, wenn ich schmale Wege mit seitlichem Buschwerk gewandert bin, habe ich mir einen Plattfuß eingehandelt.

Der Weg wird jetzt eintönig. Durch eine 50 Zentimeter hohe Betonmauer von der vielbefahrenen Landstraße getrennt, marschieren wir entlang des Rio Valcarce durch das Valcarce-Tal, während wir über uns die Autobahn rauschen hören. Um 14:00 kommen wir in Trabadelo an und laufen beim Einmarsch zuerst an unserer gebuchten Herberge vorbei. Ich habe die Wegbeschreibung wohl falsch interpretiert. Es dauert eine Zeit bis ich merke, dass sich diese Beschreibung auf die empfohlene Nebenstrecke bezieht. Nachdem ich das begriffen habe, müssen wir also wieder zum Ortseingang zurückkehren und können nun endlich als Erste unsere Betten in der Herberge Crispeta in Beschlag nehmen. Jetzt heißt es wieder waschen, duschen und den Tag bei strahlenden Sonnenschein genießen. Als Pilgermenü gibt es heute eine knusprige, gegrillte Forelle.

Jetzt noch ein Rätsel. Woran kann man asiatische Pilger sogar schon von weitem erkennen? Keine Ahnung? Hier die Antwort: Egal wie heiß es ist, wenn unsereins mit kurzer Hose und kurzärmligen T-Shirt wandert, trägt der Asiat, ob Frau oder Mann, stets lange Hosen und eine Jacke oder wenigstens ein langärmliges T-Shirt. Auf dem Kopf hat er einen Hut mit breiter Krempe, den man natürlich tragen sollte, aber der Asiat hat meistens noch ein großes Tuch über der Schulter hängen, welches er mit der Kopfbedeckung fixiert. Das außergewöhnlichste sind jedoch seine Handschuhe. Im Nachhinein habe ich erfahren, dass blasse Haut in Asien ein Statussymbol ist. Braune Haut haben nur die Armen.

Heute bin ich nun 24 Tage unterwegs und es liegen nur noch 180 Kilometer vor mir. Dafür habe ich bis zu meinem Abflug noch 12 Tage Zeit. Mit anderen Worten, ich kann jetzt alles in Ruhe und mit kürzeren Etappen angehen. Ich muss nur noch die Berge von Galizien überwinden. Das schaffe ich auch noch.

Freitag, 11. Mai 2018 von Trabadelo nach Laguna de Castilla

17,0 km

Für heute habe ich nur eine kurze Etappe geplant, denn ich traue mir nicht zu, das vor mir liegende Bergmassiv mit einer Höhe von 1350 Metern, in einem Rutsch zu überqueren. Außerdem habe ich ja genug Zeit und brauche deshalb nicht zu hetzen.

Nach dem Frühstück starte ich bei bedecktem Himmel, diesmal allein. Auf den folgenden 12 Kilometern geht es über ein kleines Sträßchen leicht bergauf, wobei ich immer wieder den Rio Valcarce überquere. In einer Bar bei Herrerias stärke ich mich nochmal mit einem leckeren Zitronenkuchen, denn ab hier beginnt der steile Aufstieg zum Pass. Bis nach La Faba laufe ich über den Fahrradweg, denn dem Reiseführer zufolge soll diese Straße kaum befahren sein. So ist es dann auch. In La Faba pfeift mir ein eisiger Wind um die Ohren, so dass ich hier keine Pause einlege sondern sofort weitergehe. Jetzt fängt mal wieder die Quälerei an, denn es geht nun über steile Bergwege weiter hinauf. Jeder kleine oder große Stein, der auf dem Weg liegt, schüttelt meine Karre durch. Die will mich eh schon immer wieder nach unten ziehen. Dafür kann ich bei meinen vielen Zwischenstopps, die ich immer wieder einlege, um etwas Kraft zu tanken, einen wunderschönen Blick über die geschwungenen Hügel bis hinab ins Bierzo genießen. Ich kann froh sein, dass es heute nicht so warm ist. Auf 1160 m Höhe erreiche ich um 13:00 Uhr Laguna de Castilla. Damit habe ich heute 500 Höhenmeter geschafft. Das reicht für heute. Weil ich so früh da war und auch vorgebucht hatte, habe ich in der Herberge „A" Escuela sogar ein Einzelbett bekommen.

Samstag, 12. Mai 2018 von Laguna de Castilla nach Triacastela

24,7 km

Um 7:30 Uhr starte ich ohne Frühstück und bei bedecktem Himmel in den heutigen Tag. Da es weiter steil bergauf geht, wähle ich wieder die Fahrradstrecke, denn hier kann ich über eine Teerpiste gehen. In der Zwischenzeit wird es immer nebliger. Als ich meine, den höchsten Punkt erreicht zu haben, stehe ich vor einer Straßengabelung. Und wo, bitte schön ist der Wegweiser? Soll ich jetzt links oder rechts weiter gehen? Eigentlich müsste ich schon die Häuser von O Cebreiro sehen können, aber wegen des Nebels habe ich keine Fernsicht und somit auch keinen Orientierungspunkt.

Die Chance steht fifty-fifty, doch ich habe Pech und entscheide mich erstmal für den falschen Weg. Erst nach einem 10 minütigen Fußmarsch merke ich, dass ich sozusagen zurückgehe. Früher läuteten die Kirchenglocken von O Cebreiro um den Pilgern im Nebel eine Orientierung zu verschaffen. Dies ist heute nicht mehr der Fall und somit muss ich auf mein kleines elektronisches Helferlein zurückgreifen. Durch meine Umherirrerei habe ich dann auch noch den Grenzstein verpasst, der einem anzeigt, das man Galicien erreicht hat. Als Vermesser hätte ich diesen ja gerne gesehen. Pech gehabt.

In O Cebreiro befand sich eine der wichtigsten Pilgerhospitale des Jakobsweges. Am Ortseingang sehe ich ein Palloza, ein keltisch-iberisches, mit Stroh bedecktes Rundhaus. Hiervon gibt es mehrere. Sie haben keine Fenster, dafür aber zwei Eingänge, einen für die Menschen und der andere ist für das Vieh. Diese Pallozas haben dicken Mauern, um den eisigen Winden zu trotzen. Des Weiteren besuche ich die präromanische Ortskirche Santa Maria la Real, sie ist die älteste vollständig erhaltene Kirche am Jakobsweg. In ihrem Inneren befindet sich der heilige Kelch von Galicien. Es ist ein wirklich mystischer Ort, besonders bei diesem diesigen Wetter.

Laut Pilgerführer soll jetzt über einen aussichtsreichen Höhenweg, in einer herrlichen Berglandschaft, einer der schönsten Abschnitte des Camino Francés folgen. Leider kann ich heute nichts davon sehen, denn es fängt jetzt sogar an zu hageln und ich muss mal wieder meine Regenhose anziehen. Um 12:50 Uhr habe ich die Passhöhe von San Roque auf 1270 m Höhe erreicht. Das hier stehende Pilgerdenkmal ist ganz in Nebel gehüllt. Jetzt fängt es sogar noch an zu schneien. In der Zwischenzeit hat mich Wolfgang überholt, auch ihn treibt es rasch weiter.

Da ich noch keine Pause einlegen mochte, habe ich bisher auch noch nichts gegessen. Erst in Hospital da Condesa nehme ich in einer übervollen Bar einen heißen Tee mit einem aufgebackenen Baguette zu mir.

Die weiteren 10 Kilometer bis nach Fonfria, verlaufen immer auf dem gleichen Höhenniveau. Ab hier geht es jetzt bis Triacastela, meinem heutigen Tagesziel, steil bergab, von 1200 m Höhe auf 600 m Höhe.

In der Herberge Atario hatte Wolfgang, der fast zeitgleich mit mir ankommt, schon für uns beide je ein Bett reserviert. Diese Herberge ist bis jetzt die schönste, in der ich bisher übernachtet habe. Die 3 Schlafsäle wurden in einer großen, alten Scheune errichtet. Durch das alte Holzfachwerk kann man die brauen Steine sehen, es ist alles etwas auf rustikal getrimmt. Gleichzeitig gibt es aber moderne, saubere Sanitäranlagen und die Stockbetten haben ein Holzgestell, das heißt, heute Nacht wird es keine Knarr - Geräusche geben. Hier kann man es aushalten.

Im Restaurant Esther esse ich beim Pilgermenü meine erste galicische Suppe, und ich muss sagen, sie hat super geschmeckt. Bei einer Flasche Wein beschließen Wolfgang und ich, für die Nacht vor unseren Abflug nach Hause, in Santiago de Compostela schon mal eine Unterkunft zu buchen.

In einer Pension in der Nähe der Kathedrale werden wir fündig und buchen ein Doppelzimmer für 2 Tage. Schon wieder eine Sorge weniger.

Sonntag, 13. Mai 2018 von Triacastela nach Sarria

25,5 km

Jetzt wechselt das Landschaftsbild, denn in Galicien, im äußersten Nordwesten der Iberischen Halbinsel, steht die grüne Natur im Mittelpunkt. Das Klima der Region wird vom Atlantik geprägt und ist ausgesprochen mild, dabei jedoch sehr feucht. Die Landschaft ist bergig und landwirtschaftlich geprägt. Charakteristisch für Galicien sind überdies die weitläufigen Wälder, die zum Teil aus angepflanzten Eukalyptusbäumen bestehen.

Heute bin ich um 7:45 Uhr nach dem Frühstück gestartet und muss mich nach dem Verlassen von Triacastela wieder Mal für eine von zwei Wegalternativen entscheiden. Dies fällt mir leicht. Obwohl die bergige Etappe um drei Kilometer kürzer ist, entscheide ich mich wieder für die Flachetappe über Samos, denn die Karre läuft nun mal in der Ebene leichter.

Bei bedecktem Himmel, aber ohne Regen wandere ich jetzt größtenteils längs einer Landstraße durch eine schöne Kulturlandschaft, bis ich nach 9 km Samos erreiche. Ich mache ein Foto vom Kloster San Julian und wandere weiter. Kurz hinter Samos verlasse ich den flachen Radweg doch, um dem ausgeschilderten Fußweg zu folgen. Jetzt wird der Weg schöner. Es geht durch kleine Weiler, was man durchaus auch riechen kann, wenn man in die Nähe der Gehöfte kommt. Nun folgt wieder ein Stückchen Quälerei, denn ich muss meine Karre steil bergauf durch einen Hohlweg mit vielen Steinen ziehen. Ich merke jetzt, dass mich meine Kräfte so langsam, aber sicher verlassen. Als ich die Anhöhe nach ca. 1 Kilometer geschafft habe, bin ich fix und fertig. Jetzt liegen nur noch 4 Kilometer vor mir, und die gehen größtenteils bergab über eine Teerpiste. In Sarria erreiche ich unsere für heute gebuchten Herberge „O Durminento", noch vor Wolfgang.

Beim abendlichen Pilgermenü sitzen wir mit einem Hamburger zusammen. Er ist in Astorga in den Jakobsweg eingestiegen und klagt über fürchterliche Rückenschmerzen. Dies ist natürlich mein Thema, und so erzähle ich ihm einiges über meine alternative Transportmöglichkeit, meine Karre. Das hilft ihm heute natürlich nix. Er wird wohl morgen einen Ruhetag einlegen.

In den letzten Tagen haben wir festgestellt, dass die Pilgerströme nach Santiago immer dichter werden, denn die meisten Pilger sind erst in Burgos oder Leon in den Jakobsweg eingestiegen, im Gegensatz zu uns, die wir bereits in Saint-Jean-Piet-de-Port losgelaufen sind. Ich werde das Gefühl nicht los, dass man uns bewundert. Da jetzt so viele Pilger unterwegs sind, ist es umso wichtiger, wenigstens einen Tag vorher eine Übernachtungsmöglichkeit zu organisieren. Heute muss ich das selber erledigen, denn Wolfgang will einige Tage früher in Santiago ankommen als ich. Er hat dort eine Verabredung mit zwei Freundinnen, die auf dem Camino Ingles unterwegs sind.

Bisher hatte Wolfgang die Unterkunftsreservierung telefonisch gemacht, weil sein Englisch besser ist als meins. Er meinte allerdings, das hätte eh nicht viel genützt, da die Spanier meistens auch kein Englisch verstehen. Die Reservierung erfolgte meistens auf den Namen: two Allemans. Ich muss jetzt also selber ran. Da ich mich nicht so recht traue, zu telefonieren, habe ich eine andere Lösung gefunden. Ich bitte einfach den Herbergswirt, für mich anzurufen, und ein Bett in der Herberge „De Mercadoiro" in Mercadoiro, meinem morgigen Etappenziel, zu reservieren.

Montag, 14. Mai 2018 von Sarria nach Mercadoiro

17,7 km

Der 100-Kilometerstein ist erreicht

Heute habe ich vorerst zum letzten Mal mit Wolfgang gefrühstückt und bin daher etwas später gestartet. Als der erste Anstieg kommt, heißt es erst Mal Abschied nehmen. Aber wir sehen uns ja in Santiago wieder. Die gemeinsame Unterkunft ist schließlich gebucht. Ich freue mich schon auf unser Wiedersehen.

Bei leichtem Regen wandere ich immer leicht bergauf. Nach einem 4,5 Kilometer langen Marsch wird der Regen so stark, dass ich in einer Bar hinter Barbadelo einkehre, um hier einen heißen Tee zu trinken. Die Bar ist brechend voll von Pilgern. Jeder der jetzt unterwegs ist, hat sich ein trockenes Plätzchen gesucht.

Nachdem ich die Regenhose angezogen habe, entfliehe ich der Menschenmenge und marschiere wieder los. So ein bissel Regen macht mir nix aus. Jetzt wird der Jakobsweg sehr abwechslungsreich. Er führt mich durch zahlreiche, kleine Dörfer die untereinander durch Corredoiras verbunden sind. Das sind Wege mit großen Steinen, die schon zu Zeiten der Römer existierten. Ein unnachahmlicher, süß-saurer Duft nach Mist und Gülle begleitet mich durch diese Kuhdörfer.

Hinter Brea ist es dann soweit, ich habe den Kilometerstein 100 erreicht. Ein Stein der mir sagen soll: Du hast es bald geschafft. In Wirklichkeit sind es wohl noch 107 Kilometer, da sich seit der ersten Markierung der Wegverlauf des Jakobsweges geändert hat. Ab hier habe ich nur noch wenige Kilometer zu wandern. Um 12:30 Uhr erreiche Mercadoiro, mein heutiges Ziel. In der Herberge De Mercadoiro bin ich um diese Uhrzeit der erste Gast und kann daher in aller Ruhe meine nassen Sachen trocknen.

In der Zwischenzeit ist das Wetter grundlegend umgeschlagen. Die Sonne hat die Regenwolken vertrieben und es ist richtig warm geworden. Auf der wunderschön angelegten Terrasse der Herberge gönne ich mir nun ein kühles Bier. Es können auch zwei gewesen sein.

Als ich zwischendurch mal in meinen Schlafsaal zurückkehre, stelle ich fest, dass ich 3 Mitschläfer bekommen habe. Es sind 2 Französinnen und 1 Franzose, die gerade dabei sind, ihre Kleidungsstücke zu sortierten. Das bedarf sehr viel Platz, den jeder von ihnen hat einen großen Reisekoffer dabei. Sind das wirklich Pilger?

Das heutige Pilgermenü ist wieder richtig lecker, besonders die aromatische galicische Suppe schmeckt köstlich. Ich sitze mit einer Argentinierin aus Patagonien an einem Tisch. Auch sie spricht nur ein paar Brocken Englisch und somit unterhalten wir uns größtenteils mit Hilfe unserer Smartphones. Klappt doch. Es wird ein ziemlich lustiger Abend, denn da sie keinen Alkohol trinkt, habe ich die ganze Flasche Rotwein allein geleert. Mit dem Gedanken: Bald hast du es geschafft, liege ich um 21:00 Uhr in der Waagerechten.

Dienstag, 15. Mai 2018 von Mercadoiro nach Gonzar

13,7 km

Heute muss endlich eine Entscheidung getroffen werden. Ich befinde mich jetzt 100 Kilometer vor Santiago und habe bis zu meinen Abflug noch neun Tage Zeit. Ich könnte also in drei bis vier Tagen dort ankommen, hätte dann einen Tag Zeit für Santiago und weitere drei bis vier Tage, um bis nach Finisterre, zum „Ende der Welt" zu wandern. Dann hätte ich das geschafft, was ich mir vorgenommen hatte.

Das heißt, ich müsste 200 Kilometer in 8 Tagen schaffen, und das wäre doch noch mal eine enorme Herausforderung für mich. Das würde ganz schön anstrengend werden, und im Grunde nur ein Wettrennen mit Stress sein. Will ich das? Auf der anderen Seite könnte ich jetzt ganz gemütlich nach Santiago de Compostela pilgern, mich ganz langsam mit dem Gedanken anfreunden, dass meine Wanderung dort zu Ende sein wird und mir immer wieder vorstellen, was die Ankunft dort in mir auslösen wird. In meinen Tagträumen habe ich mir das Erreichen von Santiago schon in tausend verschieden Farben ausgemalt. Dass diese Träume noch übertroffen werden sollten, konnte ich damals noch nicht wissen. Jetzt habe ich schon so lange auf diesen Moment gewartet, da kommt es auf zwei oder drei Tage eigentlich auch nicht mehr an. Ich sage immer, die Vorfreude ist die schönste Freude.

Die Entscheidung ist mir heute Morgen dann auch sehr leicht gefallen, denn es herrscht eine ganz besondere Atmosphäre. Über dem Weg und den angrenzenden Wiesen liegt ein mystischer Morgennebel und ich bin ganz allein unterwegs, nur fröhliches Vogelgezwitscher begleitet mich. Die Gedanken sind frei und mein Entschluss steht jetzt endgültig fest. Ich werde ganz langsam und entspannt weiter pilgern und dabei die Natur genießen.

Leider ist diese Stille nicht von allzu langer Dauer, denn um 9:00 erreiche ich Portomarin. Vor mir sehe ich eine endlose Pilgerschlange, bestimmt über 100 Leute, die gerade in Reih und Glied den Ort verlassen. Dafür kann ich jetzt fast alleine durch die Altstadt von Portomarin bummeln und mir dabei die romanische Wehrkirche San Nicolas anschauen. Das ursprüngliche Portomarin wurde in den1950er-Jahren für einen Stausee überflutet. Die ehemalige Templerkirche wurde deshalb Stein für Stein abgetragen und hier oben originalgetreu wieder aufgebaut.

Jetzt wird es auf dem Pilgerweg richtig voll. Schon von weiten höre ich das Klack, Klack der Wanderstöcke und lautes Gerede. Größtenteils sind das alles Spanier, die mit einem kleinen Tagesrucksack unterwegs sind. Ich versuche, solche Gruppen möglichst schnell zu überholen oder lege eine Pause ein und lasse sie an mir vorbeiziehen.

Da mir beim Start heute Morgen noch nicht klar war, wie weit ich heute wandern werde, habe ich auch keine Unterkunftsreservierung vorgenommen. Als ich dann um 11:30 Uhr Gonzar erreiche, beschließe ich, für heute Schluss zu machen und suche eine private Herberge auf, um nach einem Bett zu fragen. Hier ist jetzt um die Mittagszeit reichlich Betrieb, denn all die Tagespilger möchten etwas zu trinken und zu essen haben. Die Bedienung kann oder will mir nicht helfen und somit ziehe ich erst mal von dannen. Dann versuchst du dein Glück halt in der öffentlichen Herberge, sage ich mir. Die galicische Landesregierung hatte für das heilige Jahr 1993 eine große Anzahl von einfachen Pilgerherbergen errichten lassen, die nahezu identisch sind. Es gibt große Schlafsäle mit bis zu 30 Betten, die meistens ohne Wifi sind. Die Herberge öffnet allerdings erst um 14:00 Uhr, und so überbrücke ich die Wartezeit mit einem Bocadillo und einem Bier in der nebenan liegenden Bar. Da ich einer der ersten bin, der eincheckt, habe ich in dem großen Schlafsaal mit 28 Betten, freie Auswahl. Optimal scheint mir ein einzeln stehendes Stockbett, und so nehme ich es gleich in Beschlag. Ich gehe auch gleich duschen, denn ich kann mir vorstellen, dass es bei nur zwei zur Verfügung stehenden Duschkabinen, später bestimmt eine lange Schlange geben wird. Am Abend sind dann auch alle 28 Betten belegt.

Für mein morgiges Etappenziel habe ich mir den Palas de Rei auserkoren und da weit und breit kein Wolfgang zu sehen ist, stehe ich nun wieder vor meinem kleinen Problem. Bevor ich den Herbergswirt bitten will, überlege ich, trotz meiner beschränkten Sprachkompetenz eine telefonische Reservierung zu wagen, doch da kommt mir plötzlich eine Idee. *Du hast doch schon über das Reiseportal ein Hotel in Burgos gebucht, schau doch mal nach, was es dir für Palas de Rei anbietet.* Und siehe da, neben den Hotels werden mir auch die preiswerten Pilgerherbergen angeboten, sogar die Herberge, die ich mir schon aus dem Pilgerführer ausgesucht habe.

Ich überlege nicht lange, einen Versuch ist es wert und Schwups, schon habe ich die Buchungsbestätigung für eine Übernachtung. Schon wieder eine Sorge weniger.

Mittwoch, 16. Mai 2018 von Gonzar nach Palas de Rei

16,0 km

Diese Hórreo prägen die bäuerliche Landschaft in Galizien. Die schmalen Steinhäuser dienen als Lagerstätte für die geernteten Feldfrüchte. Der hohe Sockel mit der waagerechten Steinplatte soll vor Nagetieren schützen. Darüber hinaus muss das Lager wegen der hohen Luftfeuchtigkeit, die im äußersten Nordwest von Spanien herrscht, gut durchlüftet werden. Das Kreuz oben auf dem Dach dient zur Abwehr von Dämonen und bösen Geistern.

Um 5:00 Uhr beginnen die ersten Mitschläfer damit, ihren Rucksack zu packen. Da ich es ja nicht eilig habe, drehe ich mich nochmal rum und versuche noch ein bissel zu schlafen. Lange halte ich es allerdings nicht aus, denn es wird immer unruhiger. Um kurz nach 6:00 Uhr stehe ich also auch auf und bin um 7:00 marschbereit.

Ich habe gerade die ersten Schritte gemacht, als ich plötzlich einen Pilger sehe, der sein Gepäck ebenfalls auf einer Karre hinter sich herzieht. Es ist ein Franzose, und wenn ich ihn richtig verstanden habe, ist er mit dem Wagen nicht ganz zufrieden. Er schimpft richtig und ich kann ihn auch voll verstehen. Seine Karre ist zwar ebenso wie meine, wie eine Schubkarre gebaut, hat allerdings nur ein kleines 10 Zoll-Rad, welches auch noch mit einem Vollgummimantel versehen ist. Als er jetzt meine Karre mit den beiden großen Rädern sieht, ist er, wie mir scheint, ganz schön neidisch und fragt mich, woher ich sie habe. Ich zeige auf meine Deichsel, wo die Internetadresse des Herstellers steht und sofort macht er sich ein Foto davon. Als er anschließend vor mir hergeht, hopst seine Karre sogar über den glatten Asphalt. Mit solch einem Laufverhalten wäre ich auch nicht zufrieden.

Den ganzen Vormittag über laufe ich bei bedecktem Himmel, was mir auch ganz lieb so ist, denn jetzt geht es bis Ventas de Naron immer bergauf bis ich wieder auf 750 Höhenmeter bin. Ab hier führt der Weg wieder über Teerpisten bergab. Jetzt reiht sich eine kleine Ortschaft an die nächste. Es gibt viel zu sehen, hier ein kleines Kirchlein mit Friedhof, dort ein Bauernhof mit einem Hórreo. Manche Weiler bestehen nur aus einem einzigen Anwesen. Zwischendurch komme ich an den Cruzeiros vorbei, das sind mittelalterliche Steinkreuze, die typisch sind für Galizien. Sie wirken fast keltisch und laden zum kurzen Innehalten ein.

Um 12:00 Uhr erreiche ich meine heutige Unterkunft und bin sehr gespannt, wie das mit der elektronischen Reservierung geklappt hat. Es gibt keine Probleme. Das Einchecken geht mir jetzt sogar schneller von der Hand. In den bisherigen Herbergen, wurde man noch handschriftlich in eine Gästeliste eingetragen, jetzt ist man ja schon im Computer registriert. Somit habe ich eine Sorge weniger. Meine nächsten Übernachtungen werde ich auch gleich elektronisch vorab reservieren, denn das nächste Etappenziel steht bereits fest.

Nachdem ich mein Bett in Besitz genommen und mich frisch gemacht habe, starte ich zur Ortsbesichtigung. Die Sonne hat mittlerweile auch die letzten Wolken vertrieben und ich setze mich auf die Terrasse einer Bar, um hier bei Sonnenschein etwas zu essen und ein gepflegtes Bier zu genießen. An den Nachbartisch setzten sich zwei ältere Damen, die ich vorher schon einmal gesehen habe. Wir kommen ins Gespräch und ich erfahre, dass sie aus dem Raum Nürnberg kommen. Ihr sehnlichster Wunsch sei es immer gewesen, auch einmal nach Santiago de Compostela zu pilgern. Sie hätten natürlich, wie in ihrem Alter nicht verwunderlich, doch schon so einige Wehwehchen, weshalb sie sich nicht getraut hätten, mit einem Rucksack zu pilgern. Deshalb haben sie ab Leon eine Pauschalpilgerreise gebucht. Dies bedeutet, dass die Unterkünfte bereits reserviert sind und auch der Gepäcktransport organisiert ist. Sie würden im Durchschnitt so 20 Kilometer pro Tag machen. Bewundernswert in ihrem Alter. Der Wunsch nach Santiago de Compostela zu kommen ist stärker, als alle Wehwehchen.

Mein heutiges Pilgermenü verputze ich im Restaurant Castro. Meine Unterhaltung am Tisch, besteht zur Abwechslung mal aus einer spanischen Soap, die gerade im Fernseher läuft. Später schlafe ich mit nur zwei weiteren Gästen in einem 10-Bettenzimmer.

Donnerstag, 17. Mai 2018 von Palas de Rei nach Melide

15,0 km

Heute stehe ich ganz gemütlich auf, packe routiniert meine Karre und starte um 8:00 Uhr ohne Frühstück. Je später es wird, umso voller wird der Weg. Die meisten Pilger sind in Gruppen von vier bis sechs Personen oder noch mehr unterwegs. Sie unterhalten sich entsprechend laut, begleitet von dem immerwährenden Tak, Tak, Tak der Wanderstöcke. Die Stille des Jakobsweges ist jetzt definitiv vorbei. In Leboreiro erhalte ich einen besonders schönen Pilgerstempel. Er besteht aus einem Anhänger, welcher mit einem Wachsstempel im Pilgerpass befestigt wird. Ich muss jetzt zusehen, dass ich auf meinen letzten 100 Kilometern bis Santiago jeden Tag wenigstens zwei Pilgerstempel nachweisen kann, denn sonst erhalte ich nicht die Compostela, das Pilgerleistungszeugnis. Diese Compostela hat heute nichts mehr mit einem Sündenerlass durch die Katholische Kirche zu tun.

Der Weg führt mich jetzt wieder durch viele kleine Bauerndörfer. Das Auge hat immer wieder was zu sehen, auch so manche obskure Pilgermuschel. Hier ist es nicht so eintönig, wie in der Meseta, die mit anderen Reizeinflüssen *(aufgewartet hatte? Oder aufwartet?)*

Um 12:30 Uhr habe ich meine heutige Unterkunft, die Herberge San Anton in Melide erreicht. Nachdem die üblichen Dinge erledigt sind, setzte ich mich auf die große Liegewiese der Herberge und studiere nochmal in Ruhe den Pilgerführer. Ich lege für die nächsten 4 Tage meine Etappenziele fest und suche in den jeweiligen Orten nach einer ansprechenden Unterkunft. Mit ein paar Klicks sind diese vorgebucht und ab jetzt brauche ich mir bis zu meiner Rückreise keine Gedanken mehr um einen Schlafplatz machen. Der Kopf ist jetzt frei. Ich muss nur noch einen Fuß vor den anderen setzten und kann mich voll auf die Ankunft in Santiago de Compostela konzentrieren.

Jetzt ist aber erstmal eine kleine Operation fällig, denn ich hatte bereits gestern gemerkt, dass ich mir trotz intensiver Fußpflege wieder eine Blase gelaufen habe. Ich desinfiziere also eine Nähnadel und ziehe einen Faden durch die Blase. Dieser bleibt jetzt solange drin, bis die Blasenflüssigkeit abgelaufen ist.

Dass ich mir auf dem gesamten Jakobsweg lediglich zweimal eine Blase gelaufen habe, verdanke ich meiner Fußpflege. Jeden Morgen beim Aufstehen creme ich meine Füße dick mit Hirschtalg ein, bevor ich die Wandersocken anziehe. Alle anderen durchgeschwitzten Sachen werden jeden Tag gewaschen, mit einer Ausnahme, meinen Wandersocken. Mit dem Nichtwaschen von Laufsocken habe ich in meiner langjährige Lauf- und Wanderkarriere nur gute Erfahrungen gemacht.

Seit einigen Tagen habe ich keinen Kontakt mehr mit Wolfgang. Ich kann ihn weder über WhatsApp noch telefonisch erreichen. Was ist da passiert? Muss ich mir Sorgen machen? Zu meiner Beruhigung hat er ja die Adresse unserer letzten gemeinsamen Unterkunft in Santiago de Compostela. Dort werden wir uns bestimmt wieder treffen.

Für mein heutiges Abendessen habe ich mir eine Pizzeria ausgesucht, die etwas außerhalb des Ortszentrums liegt und eine einladende Terrasse bietet.

Wie ich so auf meine Pizza warte und den schönen Ausblick in das vor mir liegende Tal genieße, sehe ich auf einmal eine mir bekannte Gestalt vorbei gehen. Es ist Klaus, dem ich zum letzten Mal etwas deprimiert in Astorga begegnet bin. Das war vor 10 Tagen, jetzt macht er einen gelösten Eindruck. Wir begrüßen uns und er erzählt mir, dass er sich jetzt fit fühle. Seine Schwächephase habe er überwunden und er freue sich riesig auf Santiago de Compostela, welches er in zwei Tagen erreichen möchte. Daher heißt es jetzt auch Abschied nehmen, denn dann werde ich nach meiner Planung ja noch unterwegs sein. Mit einem herzlichen „Buen Camino" kehrt er zu seiner Unterkunft zurück.

Freitag, 18. Mai 2018 von Melide nach Arzua

14,2 km

Nachdem ich Melide am frühen Morgen verlassen habe, erreiche ich die berühmten Eukalyptuswälder von Galicien. Der Eukalyptusbaum ist auf der einen Seite ein begehrter Holzlieferant für die Papiergewinnung und für die Möbelindustrie, anderseits senkt er mit seinen tiefen Wurzeln den Grundwasserspiegel herab. Darüber hinaus sollen dort, wo es Eukalyptusbäume gibt, keine anderen Pflanzen mehr wachsen. So extrem habe ich das allerdings nicht erlebt, denn der Jakobsweg führt mich durch einen abwechslungsreichen Mischwald mit Eichenbäumen, Gestrüpp und dazwischen eben auch Eukalyptusbäumen. Ab und zu kann ich seinen intensiven Duft riechen.

Als ich das Ortszentrum von Boente durchschreite, sehe ich das weit geöffnete Portal einer Kirche. Das sieht wie eine Einladung aus und die kann ich natürlich nicht ablehnen, denn ich brauche ja noch einen Stempel. Im Schatten des Eingangsbereiches sitzt eine Spanierin an einem Tisch und hat ein dickes Pilgerbuch vor sich liegen. In dieses

Buch trägt sie jeden Pilger ein, wobei auch vermerkt wird, aus welchem Land er kommt und zu welchem Zeitpunkt er wo gestartet ist.

Neben dem Stempel erhalte ich noch ein Heiligenbildchen vom St. Jakob, welches sich jetzt in meinem Pilgerpass befindet.

Nachdem ich Boente verlassen habe gehe ich erst mal leicht bergab, dann folgt ein ebener Abschnitt, der später in einen knackigen, steilen Anstieg übergeht. Nachdem ich die Anhöhe erreicht habe, finde ich am Wegesrand ein sonniges Plätzchen und beschließe, nach dieser Schinderei eine Pause einzulegen. Hier kann ich jetzt Pilgerwatching machen. Im Minutentakt ziehen die unterschiedlichsten Pilgertypen an mir vorbei. Allein oder auch zu zweit, mal langsam, mal flott ausschreitend, mal mit Pilgerrucksack auf dem Rücken oder auch mit leichtem Tagesrucksack. Das sind dann meist laut schwatzende Gruppen, die aus fünf oder auch mehr Personen bestehen. Als ich so vor mich hindöse, höre ich wieder ein lautes, schnelles Tack, Tack von Wanderstöcken und kurz darauf erscheint ein Pilger mit Glatze und ohne Hut. Alle anderen sind ja an mir vorbeigegangen, dieser Pilger jedoch sieht mich mit meiner Karre, und schon kommt er auf mich zu, um mich zu begrüßen. Juri ein Russe, der auch ein bissel deutsch kann, möchte wissen, warum ich mit dieser Karre unterwegs bin. Ich erzähle es ihm und wir verabschieden uns später mit einem gegenseitigen Selfie.

Hinter Ribadiso betrete ich eine Bar, um hier etwas zu trinken oder vielleicht auch ein Eis zu schlecken. Bei dem warmen Wetter wäre auch das sehr verlockend. Mit dieser Überlegung gehe ich zur Terrasse, und wen sehe ich dort? Juri.

Mit nacktem Oberkörper sitzt er da, vor sich eine Tasse Kaffee. Nachdem ich mir ein Hörnchen Eis geholt habe, setze ich mich natürlich sofort neben ihn.

Juri hat seinen Camino in Sevilla gestartet und ich will ihm jetzt beweisen, dass ich den meinen in Deutschland begonnen habe. Ich hole also meinen Pilgerpass aus dem Rucksack, wobei das Heiligenbildchen herausfällt, dass ich in Boente erhalten habe. Juri sieht das Bild, nimmt es in die Hand und küsst es inbrünstig. Da bemerke ich, dass in meinem Pass noch ein zweites Bild steckt. Als Juri mir das eine zurückgeben will, drücke ich ihm dieses in die Hand.

Erst guckt er mich groß an, dann nimmt er mich in die Arme und drückt mir auf jede Backe einen dicken Schmatz. Mit freudigen Augen sagt er immer wieder: Spasibo, spasibo! Auf einmal steht er auf, kramt in seinem Rucksack rum und holt eine Querflöte heraus. Mit den Worten: „For you", beginnt er nun zu spielen.

Jetzt ist es an mir, mich zu bedanken und ich applaudiere ihm kräftig. Der Abschied fällt uns beiden sehr schwer, aber er muss dann doch aufbrechen, denn er hat noch einige Kilometer vor sich. Ich kann es ja ruhiger angehen, denn von hier aus sind es nur noch 2 Kilometer bis zu meinem heutigen Etappenziel, Arzua. Um 11:30 Uhr checke ich in der Herberge De Camino ein.

Nachdem alles erledigt ist, gehe ich Richtung Ortsmitte, um mir Zahnpasta und Bananen zu kaufen. Wie ich dann so in dem Supermarkt herumschlendere, kommt mir der Gedanke: *Du könntest ja mal wieder eine richtige Brotzeit machen.* Daher lege ich neben einem Baguette und einem spanischen Käse, auch noch eine Flasche Weißbier, ein echtes Paulaner, in den Einkaufswagen. Zurück in der Herberge verfrachte ich die Flasche sofort in den Kühlschrank. Die braucht jetzt noch eine Weile, bis sie die richtige Temperatur hat, doch schon nach einer Stunde kann ich mich nicht mehr bremsen und gieße das Weizen nicht ganz „stilecht", in meine Kaffeetasse. Das Bier war wohl noch nicht richtig kalt, aber es hat trotzdem super geschmeckt. Endlich mal wieder ein richtiges Bier.

Nachdem Hunger und Durst gestillt sind, laufe ich noch einmal Richtung Ortsmitte, denn ich möchte jetzt auch etwas mehr von Arzua sehen. Dabei komme ich an einem Haushaltswarengeschäft vorbei, in dessen Schaufenster ich die Jakobsmuscheln entdecke, die ich schon hundertmal als Wegmarkierung gesehen habe. Es gibt sie in drei verschiedenen Größen. Das wäre doch ein entsprechendes Mitbringsel, denke ich bei mir und trete ein. Im Laden lasse ich sie mir zeigen und stelle fest, dass sie aus schwerem, glänzendem Messing bestehen. Ich suche mir die Handteller große Muschel aus, woraufhin der Verkäufer 35,-Euro haben will. Weil der Preis nicht ausgezeichnet war, denke ich mir, dass da bestimmt noch was drin ist und schüttele den Kopf. Sofort schreibt der Verkäufer 29,- Euro auf einen Zettel. Ich will jetzt nicht weiter handeln, denn ich möchte diese Muschel unbedingt haben, sie gefällt mir prächtig. Heute prangt die Muschel direkt neben unserer Haustür und jeder der unser Haus betritt, weiß jetzt, dass hier ein Pilger wohnt.

Mein heutiges Abendessen nehme ich in einer Pulperia ein, die sich gleich neben der Herberge befindet. Bei einer Pulperia handelt es sich um einen galicischen Biergarten, in dem vor allem pulpo, eine galicische Spezialität, bestehend aus einer gekochten Krake (kein Tintenfisch) gegessen wird. Natürlich gibt es auch andere Gerichte. Ich entscheide mich für gegrillten Seebarsch und als Vorspeise esse ich eine leckere Gemüsesuppe. Leider bekomme ich in der Nacht Sodbrennen, der bis zum Morgen auch nicht weichen will. Ob das an dem etwas herben, sauren Rotwein liegt?

Samstag, 19. Mai 2018 von Arzua nach Pedrouzo

20,0 km

Bei sehr frischer Morgenluft geht's über wellige Wege durch die galicischen Wälder. Ich atme tief den Eukalyptusduft ein. Nach einer Stunde Fußmarsch hole ich mein Frühstück hervor und wärme meine Hände an einer heißen Tasse Tee. Der Weg wird jetzt immer voller und lauter, es sind Gruppen von 10 bis 15 Pilgern unterwegs.

Jetzt wandere ich durch mehrere kleine Dörfer, unter anderem durch Calle, das einmal als galicisches Musterdorf galt. Auf der Anhöhe von Empalme lege ich in einer Bar eine kleine Pause ein. Ich stehe gerade an der Theke, und warte auf meinen bestellten Kuchen, da kommt eine Frau herein und geht sofort zur Stempelecke. Sie hat wenigstens 10 Pilgerpässe in der Hand, die auch alle routiniert abgestempelt werden. Als ich mit meiner Bestellung auf die Terrasse zurückkehre, schaue ich mich verdutzt um. Wo sind denn die ganzen Pilger? Warten die etwa in dem parkenden Kleinbus da drüben? Na ja, jeder nach seinem Gutdünken.

Immer wieder durchquere ich nun Eukalyptuswälder mit kleinen Auf- und Abstiegen. Es ist eine erholsame, entspannte Wanderung.

Ich nähere mich Santa Irene und werde darauf hingewiesen, möglichst auf einer Straßenseite zu bleiben, wenn ich nicht unbedingt in den Ort hinein will, denn bei der Überquerung der Landstraße sind zwischen 2008 und 2013 schon drei Pilger tödlich verunglückt.

Um 12:00 Uhr und nach 20 Kilometern erreiche ich Pedrouzo, mein Tagesziel und checke in der Herberge O Burgo ein. Ich lasse den Tag gemütlich ausklingen. In Erinnerung an das Sodbrennen letzte Nacht, trinke ich zum heutigen Pilgermenü keinen Wein, sondern lieber Bier. Eine gute Entscheidung, wie sich herausgestellt hat.

Sonntag, 20. Mai 2018 von Pedrouzo nach San Marco

16,5 km

Bald habe ich es geschafft. Im Hintergrund sieht man schon die Kathedrale von Santiago de Compostela.

Heute Morgen starte ich wieder ohne Frühstück und bei verhältnismäßig warmem Wetter. Wie schon in den Tagen zuvor, wandere ich jetzt durch Wälder aus knorrigen Eichen und schlanken Eukalyptusbäumen. Der Weg ist weiterhin wellig, ein stetiges auf und ab.

Nach einer Stunde Marsch meldet sich der Hunger. Ich hoffe, im nächsten Ort eine Bar zu finden und werde nach ein paar hundert Metern auch fündig. Auf die dazugehörige Terrasse scheint gerade schön die Morgensonne und so zögere ich nicht lange und betrete den Gastraum, wo schon reichlich Betrieb herrscht.

Ich schaue mich um und bin im ersten Moment etwas verdutzt, als ich ein großes Schild entdecke, auf dem sogar etwas auf Deutsch steht: Selbstbedienung! Na ja, dann erst mal gucken, was die so zu bieten haben. Ich trete also zur Selbstbedienungstheke um die Auslage zu betrachten. In einem Regal liegen zum Beispiel zwei blasse Toastbrote mit Käse in Frischhaltefolie eingepackt, zum Preis von 3,30 Euro. Daneben befindet sich ein Stückchen Käsekuchen, so groß wie ein Plätzchen für 2,50 Euro. Wo bin ich denn hier gelandet, in eine Pilgerabzockbar? Schnell wieder raus und weiter. Als nach 10 Kilometern immer noch keine Bar zu sehen ist, gehe ich erstmals seit Beginn meiner Wanderung an die Notfallverpflegung. Den Müsliriegel habe ich ja jetzt auch schon seit 32 Tagen mit mir herumgeschleppt. Hungrig mache ich mich darüber her, während über mir die Flugzeuge vom Flughafen von Santiago de Compostela starten oder landen. Mit einem dieser Flieger werde ich am Donnerstag auch nach Hause fliegen.

Bevor ich mein heutiges Etappenziel, das letzte vor Santiago, erreiche, passiere ich den Ort Lavacolla (sinngemäß übersetzt „Wasch dir den Hals"). Hier wuschen sich – nicht nur aus rituellen Gründen - die verstaubten und verschwitzten Pilger noch einmal, bevor sie Santiago erreichten. Dies brauche ich allerdings nicht, denn auf mich wartet heute Abend noch eine Dusche. Meine Ankunft in Santiago de Compostela ist auch erst für morgen geplant. Um 11:30 Uhr bin ich dann in Monto de Gozo angelangt. Der Name bedeutet übersetzt „Berg der Freude", denn auf dieser Anhöhe wird jeder Pilger von Glücksgefühlen übermannt. Das traf im Mittelalter zu, doch genauso auch noch heute, denn von hier oben kann man erstmals die Türme der Kathedrale von Santiago de Compostela erblicken. Auch mich durchfluten jetzt die Endorphine. Noch einen Tag, und ich habe es geschafft.

Auf dem Monte do Gozo erinnert unweit der kleinen Einsiedelei ein modernes, monumentales Denkmal an den Besuch von Johannes Paul II. im Jahr 1982 und setzt ihn mit der Wallfahrt des heiligen Franziskus in Beziehung.

Ich lege mich in den Schatten eines Baumes mit Blickrichtung zur Kathedrale und döse ein wenig vor mich hin, denn bis zum Einchecken in mein Hotel habe ich noch etwas Zeit. Das Ziel meiner

Träume liegt jetzt direkt vor meinen Füßen, ich kann es kaum glauben.

Um 13:00 Uhr erhebe ich mich wieder, um nach San Marco zurückzugehen, wo ich im Hotel Akelare ein Zimmer gemietet habe. Auf dem Rückweg kommt mir auf einmal eine bekannte Gestalt entgegen. Es ist Katrin, die ich vor einer Woche zum letzten Mal gesehen habe. Unser Begrüßungsgespräch ist leider nur von kurzer Dauer, denn sie will Santiago noch heute erreichen. Der Grund ist der Geburtstag ihres Vaters. Sie möchte unbedingt eine Compostela mit dem heutigen Datum. Wie ich sie kenne, schafft sie das auch.

Nach dem Einchecken im Hotel gehe ich zur gegenüberliegenden Pulperia, um dort ein überbackenes Bocadillo mit Schinken und Käse zu essen. Ich hatte bisher ja noch kein Frühstück gehabt. Anschließend kehre ich wieder zum Monte do Gozo zurück, um dieses weitläufige Hochplateau zu erkunden. Hier befinden sich zwei Pilgerstatuen, die an die Ankunft des heiligen Jakob erinnern.

Montag, 21. Mai 2018 von San Marco nach Santiago de Compostela 5,0 km

Heute ist endlich der Tag, den ich so sehr herbeigesehnt und für den ich so manche Strapazen auf mich genommen habe.

Kurz nach 7 Uhr, Santiago de Compostela liegt noch im Nebel, starte ich. Es geht jetzt nur noch bergab und ich fliege beinahe hinab. Seltsamerweise bin ich fast allein unterwegs. Ich überhole gerade einmal fünf oder sechs andere Pilger. Beim Erreichen der Stadtgrenze kehre ich erst noch in einer Bar ein, um etwas zu essen, denn mit leerem, knurrendem Magen möchte ich nicht ankommen.

Dann ist es endlich soweit, durch ein unspektakuläres Tor betrete ich den Kathedralvorplatz Prazo do Obradoiro und stehe vor der Kathedrale. Mir schießen Tränen in die Augen. Ich bin gleichzeitig glücklich und auch etwas traurig, denn in diesem Moment hätte ich gerne meinen Schatz in die Arme genommen, um meine Freude mit ihr zuteilen. Ich bin Allen so dankbar, die mir meinen Lebenstraum ermöglicht haben.

Ich habe es geschafft.

Als ich so auf dem fast menschenleeren Platz am 0-Kilometerstein stehe, sehe ich auf einmal eine junge Frau, die lachend direkt auf mich zukommt. Sie umarmt mich und sagt: „Günter, herzlichen Glückwunsch, du hast es geschafft!" Im meinem Kopf kreist der eine Gedanke, die kennst du gar nicht. Wer ist das? Und schon höre ich ihre nächsten Worte: „Ich werde Wolfgang anrufen, der wird sich mächtig freuen, dass du da bist." So langsam wird mir jetzt klar, wer da vor mir steht. Es ist Kerstin, die Freundin von Wolfgang, die er ja in Santiago treffen wollte. So klein ist die Welt. Sie hat mich natürlich anhand meiner Karre erkannt. Wozu sie doch alles nütze ist, neben dem Transport meines Gepäcks, führt sie auch Menschen zusammen, die sich suchen. Keine viertel Stunde später nehme ich Wolfgang in die Arme, was für eine Begrüßung! In der Zwischenzeit hat mir auch Björn zu meiner Leistung gratuliert, er sei gestern ankommen und plane heute Vormittag noch nach Finisterre zu starten. Ich bin ganz verwirrt, so viele aufwühlenden Momente in einer halben Stunde. Ich kann keinen klaren Gedanken fassen, dass merken Kerstin und Wolfgang auch. Ich brauche jetzt erstmal etwas Zeit für mich und so verabreden wir für den Nachmittag einen Treffpunkt, um dann bei einem gemeinsamen Essen unseren Erfolg zu feiern. Schnell wird mir noch Wolfgangs neue Telefonnummer mitgeteilt, denn sein Smartphone ist gesperrt, weil er drei Mal die falsche Pinnummer eingegeben hatte. Jetzt hat er eine spanische SIM-Karte.

Ich will nun erstmal meine Karre loswerden. Da ich erst ab 14:00 Uhr ins Hotel komme und das Betreten der Kathedrale nur ohne Rucksack möglich ist (meine Karre dürfte da bestimmt mit eingeschlossen sein), suche ich zunächst die Gepäckaufbewahrung. Leider kann ich sie nicht finden und so gehe ich weiter zum Pilgerbüro, um mir meine Compostela ausstellen zu lassen. Die Schlange vor der Eingangstür ist kurz, vor mir sind vielleicht fünfzig Pilger. Da habe ich wirklich großes Glück, denn als ich später mal mit Wolfgang hier vorbeikomme, ist die Warteschlange wesentlich länger. Bestimmt 150 Meter lang. Die Pilger haben bestimmt stundenlang warten müssen. Bei mir dauert es ungefähr 20 Minuten, bis ich das begehrte Schriftstück in den Händen halte.

Danach kehre ich zurück zur Kathedrale und beschließe, meine Karre, das gute Stück, nicht aus der Hand zu geben. Die Kathedrale kann ich ja auch noch morgen besuchen.

Ich bummele jetzt durch die Gassen der Altstadt, die sich immer mehr mit Touristen füllt und wo sich ein Souvenirladen an den anderen reiht, dazwischen jede Menge Restaurants. Ich spüre jetzt auch etwas Hunger. Nach den aufregenden Momenten des Morgens, möchte ich mich in Ruhe irgendwo niederlassen, um eine Kleinigkeit zu essen. In eine dieser Touri - Bars will ich aber auf keinen Fall einkehren. Da suche ich mir lieber einen Supermarkt, wo ich wieder einmal etwas für die übliche Brotzeit einkaufe, Baguette und Käse. Jetzt fehlt nur noch ein ruhiges Plätzchen zu meinem Glück. Nach etwas Sucherei gelange ich zu einem kleinen, begrünten Platz, in dessen Mitte sich ein Spielplatz befindet. Im Schatten eines Baumes entdecke ich auch eine Bank mit einem Tischchen davor. Dies ist jetzt kein idealer Platz für eine Brotzeit, denn es ist sehr laut. Der Praza de Galica ist im Grunde ein Kreisverkehr in dessen Mittelinsel ich jetzt sitze, aber was soll's, an diesen Verkehrslärm muss ich mich halt wieder gewöhnen.

Nachdem ich mich gestärkt habe, beschließe ich, aufzubrechen und zu meiner heutigen Unterkunft zu gehen, denn es liegt noch ein kleiner Fußmarsch vor mir. Das Hotel befindet sich am Rande der Stadt, wo die Übernachtungskosten erheblich billiger sind als im Zentrum.

Jetzt kommt ein entscheidender Augenblick, der meinem Jakobsweg noch ein I-Tüpfelchen draufsetzen soll.

An einer Wegegabel in der Altstadt stellt sich die Frage, gehst du in die links vor dir liegende Gasse oder nimmst du die rechte Gasse, denn beide führen mich zum Hotel. Später wird mir die Entscheidung noch oft im Kopf herumgehen. Dieser Impuls, nach links zu gehen, war das nur ein Zufall oder war es Fügung?

Denn plötzlich fällt mir die Kinnlade herunter, als mit einem Mal Marc vor mir steht. Wir beide sind erst mal sprachlos. Ungläubig schauen wir uns in die Augen und schon im nächsten Moment liegen wir uns in den Armen. Mir kommen mal wieder die Tränen, aber ich schäme mich nicht. Der Mann, mit dem ich die ersten Schritte auf meinem Jakobsweg gemacht und den ich zwischendurch verloren habe, mit dem gehe ich nun auch die letzten Schritte des Pilgerweges. Der Kreis hat sich geschlossen, solche Geschichten schreibt nur der Jakobsweg.

Ich mache den Vorschlag, unser Wiedersehen und unseren Erfolg später bei einem gemeinsamen Abendessen zu feiern, doch Marc muss mir leider eine Absage erteilen. Er hatte sich gerade Verpflegung für die Rückreise geholt (siehe weißer Plastikbeutel auf dem Foto) und muss auch gleich seinen Rucksack packen, denn am Nachmittag fährt sein Bus, der ihn wieder Richtung Heimat bringt. So bleibt uns jetzt nur noch, mit besten Glückwünschen voneinander Abschied zu nehmen.

Nach diesem emotionalen Höhepunkt setze ich mich noch mal auf den Platz im Schatten der Kathedrale, um wieder zu mir zu finden.

Bis zu meiner heutigen Unterkunft, dem Hotel Miradorio de Belvis, ist es ein 20-minütiger Fußmarsch. Heute nehme ich mir etwas mehr Zeit, um mich stadtfein zu machen, denn ich werde gleich auch

Wolfgangs zweite Freundin kennenlernen, Schwester Maristella. Wenn man mit zwei Damen diniert, sollte man ja gepflegt aussehen.

Während ich auf dem Praza da Quintana auf die drei warte, lausche ich ein paar Straßenmusikern, die mir mit „Kalinka" und anderen russischen Liedern die Zeit verkürzen. Dann stehen die drei auch schon vor mir. Kurzes Zögern und schon liegen wir uns in den Armen. Ich habe sofort das Gefühl, dass wir Vier uns prächtig verstehen werden.

Wolfgang meint, er habe vor einem bestimmten Restaurant einmal eine lange Warteschlange gesehen, und wo so viele Gäste geduldig auf Einlass warten, da müsse es doch gut sein.

Das Restaurant Casa Manolo wird auch im Pilgerführer als bewährt, reichlich und gut bezeichnet und so treten wir erwartungsfroh ein. Wir sollen nicht enttäuscht werden.

Mein gegrillter Fisch mit Kartoffelchips ist wirklich lecker, und auch die anderen Drei sind sehr zufrieden. Negativ fällt lediglich die Betriebsamkeit auf. Der Gastraum ist groß und hoch und somit verhältnismäßig laut. Aber das stört uns nicht weiter, denn wir haben bei zwei Flaschen Rotwein und etlichen Bierchen viel zu erzählen. Kurz vor 22:00 Uhr liege ich in meinem Bett und verbringe bei einem lautlosen Ventilator eine erholsame Nacht.

Was für ein Tag!!!!

Dienstag, 22. Mai 2018 Santiago de Compostela

Den Vormittag habe ich schon voll verplant.

Ganz früh betrete ich endlich die Kathedrale, das stolze Ziel meiner Pilgerreise und bin beeindruckt von der Mächtigkeit der Kirche.

Die Kathedrale von Santiago de Compostela steht über einer Grabstätte, die dem Apostel Jakobus zugeschrieben wird. Der Kathedralbau begann 1075 unter der Herrschaft von Alfons VI. über den Resten einer älteren Kirche aus dem 8. Jahrhundert. In ihrem beinahe tausend-jährigen Bestehen erlebte die Kathedrale diverse Um-und Anbauten, wodurch die ursprüngliche Grundfläche um ein vielfaches vergrößert wurde. So vereint das imposante Bauwerk heute ganz verschiedene Baustile, wie romanische, früh und spät gotische sowie barocke Elemente.

Ich bin deshalb so früh da, weil ich um 8:00 Uhr die deutschsprachige Pilgermesse besuchen will. Wir sind hier zu zehnt, und ein jeder hängt seinen Gedanken nach. Am Ende der Messe begrüßt der Priester jeden einzelnen und lädt uns zum gemeinsamen Frühstück ein. Ich möchte mir noch in Ruhe das Kircheninnere anschauen und lehne deshalb dankend ab. Um diese Uhrzeit sind so wenige Besucher da, dass ich ganz alleine an der Rückseite der sitzenden, silbern glänzenden und mit Edelsteinen besetzten Jakobusfigur am Hochaltar vorbei schlendern kann. In den Steinstufen kann ich die Tritte von Millionen Pilgern erkennen, die alle bereits hier hergegangen sind.

Nachdem ich die Kathedrale verlassen habe, muss ich noch etwas anderes, sehr Wichtiges erledigen. In den letzten 5 Wochen sind meine Haare natürlich länger und länger geworden. Mein Bart ähnelt gar einem Unkrautgestrüpp. So möchte ich nicht zu meiner Frau zurückkehren. Ein Friseurbesuch ist unverzichtbar. Auch das ist bei mir etwas Besonderes. Da mir meine Frau immer die Haare schneidet, liegt der letzte Friseurbesuch bestimmt Jahrzehnte zurück.

Die Dame von der Hotelrezeption markiert mir auf einem Stadtplan zwei Friseursalons, kann mir aber nicht sagen, ob dort auch Männer willkommen sind. Den ersten Laden finde ich schnell, aber dieser hat noch geschlossen. An der zweiten markierten Stelle kann ich beim besten Willen keinen Friseursalon entdecken. Da ich auch noch nichts gegessen habe, suche ich eine Bar auf, wo ich mir neben einem Frühstück auch einen Tipp bezüglich eines Friseurs erhoffe.

Nachdem ich einem Kellner mittels Handzeichen (ich habe mit meinen Fingern Scherenbewegungen gemacht), meinen Wunsch geäußert habe, zeigt er durch das Fenster auf die andere Straßenseite. Aha, er meint bestimmt das gegenüberliegende Shoppingcenter. Nach kurzer Sucherei finde ich dort tatsächlich einen Friseursalon, sogar einen reinen Herrenfriseur. Ich komme sofort dran und brauche auch nicht viel zu erklären, denn als der Friseur meine gewaltige Haar- und Barttracht sieht, weiß er sofort, was zu tun ist. Gefühlt müssen mir die Haare kiloweise vom Kopf gefallen sein, bis er endlich eine gewisse Struktur geschaffen hat. Dann kommt mein Bart dran. Auch hier arbeitet er erst mit der Maschine vor, ehe er mittels einer Schere zur Feinarbeit übergeht. Jetzt kommt das, was ich bisher nur in Western gesehen habe. Er holt ein Rasiermesser hervor, wetzt es ausgiebig und setzt es an meine Kehle an. Mit zarten Strichen wird mein Bart jetzt exakt geformt, wobei er sein Kunstwerk immer wieder mit skeptischen Blicken kontrolliert. Anschließend bekomme ich ein warmes Handtuch aufs Gesicht gelegt. Jetzt ist es vollbracht, denke ich bei mir, aber nein, noch werde ich nicht aus dem Friseursessel entlassen. In endlos scheinenden Kreisen werde ich von dem guten Mann immer wieder umrundet. Ein skeptischer Blick hier, ein kurzer Schnipp dort und dann noch einmal auf die andere Seite. Am Bart ist auch noch ein Härchen zu lang. Nach einer ¾ Stunde ist er mit seinem Werk endlich zufrieden und ich darf mich selber im Spiegel bewundern. Ein dickes Dankeschön an den Meister, der mit einem üppigen Trinkgeld belohnt wird. Hoffentlich erkennen die Drei mich noch wieder. Jetzt muss ich mich aber sputen, denn ich habe mich mit Wolfgang verabredet. Wir müssen unser gemeinsames Zimmer ja noch beziehen. Wolfgang erscheint kurz nach mir am vereinbarten Treffpunkt und gemeinsam gehen wir zu unserer Unterkunft, der Pensión Residencia Fonseca. Nachdem die Formalitäten erledigt sind, zeigt uns die Vermieterin unser Zimmer. Im ersten Moment sind wir beide etwas baff, denn es ist doch arg klein, und das bezieht sich nicht nur auf das Zimmer. In einer Ecke steht ein einziges, nur 1,60 Meter breites Bett mit einer Bettdecke. Ein kurzer Blickkontakt, und alles ist klar. Was soll's, wir beide haben ja unsere Schlafsäcke und sonst sieht alles sauber und freundlich aus. Für diese Lage hat das Zimmer schließlich einen guten Preis.

Unsere Vermieterin macht uns darauf aufmerksam, dass heute Markttag sei, was durchaus sehenswert wäre. Daraufhin lasse ich die Pilgermesse erstmal sausen. Morgen ist schließlich auch noch ein Tag.

So ein Markt interessiert mich wirklich sehr, also mache ich mich mit Wolfgang auf den Weg zu den Markthallen. In diesem Gewölbe bieten Erzeuger und Händler die kulinarischen Erzeugnisse der Region an. Eine bunte Vielfalt von Obst und Gemüse lässt unsere Augen erfreut aufleuchten, doch schon im nächsten Moment schweifen sie hinüber zu tausenden von Schinken. Weiter geht es in die Fischhalle mit frischen Meeresfrüchten und großen sowie kleinen Fischen, die für den Kunden erst vor Ort ausgenommen werden. Wir kaufen uns lieber eine Tüte voll großer, süßer Kirschen, die wir dann sofort verputzten. Ich nehme noch ein großes Stück Schinken als Mitbringsel mit.

Nachdem wir die Markthallen verlassen haben widmen wir uns meinem heißgeliebten Hobby, dem Geocachen. Kurz zur Erläuterung, Geocaching ist auf Deutsch gesagt eine GPS-Schatzsuche. Die Verstecke (Caches) werden anhand geographischer Koordinaten im Internet veröffentlicht und können anschließend mithilfe eines GPS-Empfängers gesucht werden. Cache gibt es millionenfach weltweit, auch längs des Jakobsweges. Ich hatte mir aber geschworen, während meiner Pilgertour abstinent zu bleiben und habe es auch bis zum heutigen Tag durchgehalten, obwohl mir das manchmal ganz schön schwer gefallen ist. Wolfgang weiß natürlich über mein Hobby Bescheint und ist neugierig, wie sowas funktioniert und wie so ein Cache aussieht. Da ich ja jetzt mein Ziel erreicht habe und deshalb nicht mehr an das Versprechen gebunden bin, machen wir uns also auf die Jagd nach diesen kleinen Schätzen. Rund um die Kathedrale sind genügend Cache versteckt und so kann Wolfgang sich bald schon rühmen, seinen ersten Cache gefunden zu haben. Jetzt treffen auch unserer Damen ein und werden sofort mit dem Cachervirus infiziert. Zusammen machen wir noch einen weiteren Cache ausfindig. Bei einem Dritten scheitern wir dann allerdings. Irgendwann muss ja auch gut sein.

Unser heutiges Abendessen nehmen wir wieder bei Manolo ein, denn wir waren ja gestern sehr zufrieden mit dem Essen.

Mittwoch, 23. Mai 2018 Santiago de Compostela

Heute ist der letzte und 37ste Tag meiner Pilgertour.

Für heute haben wir vier uns zum gemeinsamen Frühstück im Hotel Hospedería San Martín Pinario verabredet. Dies ist ein Geheimtipp. Hier gibt es für Pilger ein Frühstücksbüfett mit allen was der Magen sich nur wünschen kann, und das für gerademal 5,- Euro. Wir bekommen Brötchen, Baguette, Butter (die ich in den letzten Wochen nicht bekommen habe), Marmelade, Honig, Schinken, Wurst, Joghurt und Kuchen. Und wie es sich für ein Büfett gehört, kann man sich immer wieder etwas nachholen. Wir genießen das Frühstück und bleiben noch etwas länger am Tisch sitzen. Nebenbei erfahre ich, dass es in diesem Hotel einen Schlafsaal gibt, in dem man Pilgern Einzelbetten zu akzeptablen Preisen anbietet. Alle Achtung, wenn man berücksichtigt, dass das Hotel in der direkten Nachbarschaft der Kathedrale liegt...

Heute will ich natürlich noch die allgemeine Pilgermesse besuchen, die um 12:00 Uhr beginnt und so mache ich mich erwartungsfroh auf den Weg zur Kathedrale. Beim Anblick der Völkermassen schrumpft meine Vorfreude allerdings gleich zusammen. Das ist offenbar eine reine Touristenveranstaltung. Um dem Andrang Herr zu werden, lässt man die Besucher nur schubweise hinein, denn die Kirche ist bereits brechend voll. Als auch ich endlich ins Innere gelangt bin habe ich das Gefühl, in einer Bahnhofshalle zu stehen, so laut ist es hier. Erst als eine Nonne ihre Stimme erhebt und einen wunderschönen Gesang erklingen lässt, wird es ruhiger.

Der Höhepunkt der Messe ist erreicht, als der berühmte Botafumeiro durch das Querschiff geschwenkt wird. Es handelt sich dabei um ein etwa 1,60 m großes Weihrauchfass, das an einem etwa 66 m langen Seil von der Decke herabhängt. Es wird von acht Männern in

Bewegung gesetzt und bis hoch unter die Decke geschwungen. Alle zücken jetzt ihr Smartphone und versuchen den Vorgang fest zu halten. Ich muss zugeben, auch ich habe das gemacht, obwohl ich dies etwas unpassend finde. Deshalb verlasse ich auch gleich nach dem Ende des Pendelns die Kirche.

Am Nachmittag bummeln wir Vier zum Park Parque da Alameda, von wo man einen wunderbaren Blick auf die Kathedrale hat.

Nach der guten Erfahrung beim Frühstück, beschließen wir, heute auch unser Pilgermenü im Hotel Hospedería San Martín Pinario einzunehmen. Wir haben die Entscheidung nicht bereut. So einen leckeren, zarten Fisch habe ich lange nicht mehr gegessen. Auch ist es hier sehr ruhig, denn nur die wenigsten wissen, dass man hier die Möglichkeit hat, zu normalen Preisen in einem Hotel zu speisen. Es liegt auch sehr versteckt.

Hier erhalten wir auch noch den Tipp, abends zur Kathedrale zu gehen, denn dieser gegenüber würde die Gruppe Tuna de Derecho de Santiago aufspielen. Das lassen wir uns natürlich nicht entgehen und bekommen flotte spanische Lieder zu hören. Die Musiker in ihrem ansprechenden Äußeren animieren die Zuhörerinnen und Zuhörer mit leidenschaftlichem Engagement zum Tanzen, Klatschen und Mitsingen. Was für ein Erlebnis! Es ist ein stimmungsvoller Abschluss meiner Pilgerreise.

Anschließend kehren Wolfgang und ich noch in eine Bar ein, um ein Abschiedsbier zu trinken, da kommt zufällig ein Betreuer der deutschsprachigen Messe vorbei, den wir vorher kennengelernt hatten. Er setzt sich zu uns an den Tisch und erzählt von seinen Aufgaben. Er ist Schweizer und unterstützt eine Pilgerherberge in den Bergen des Wallis. Hier, in Santiago sei er immer so 10 bis 14 Tage und kümmere sich um die Pilger.

Es wird ein langer Abend mit so manchem Bier. Als wir endlich in unsere Betten fallen ist es schon 1:00 Uhr.

Donnerstag, 24. Mai 2018 Rückreise

Das hervorragende Frühstück im Hotel Hospedería San Martín Pinario lassen wir uns natürlich nicht entgehen. Da unser Flieger erst kurz nah zwei Uhr startet, können wir in aller Ruhe unseren Kaffee oder Tee trinken. Dann müssen Wolfgang und ich uns aber doch von unseren Damen verabschieden, denn ihr Rückflug ist erst für morgen geplant.

Nachdem wir unser Gepäck aus der Pension geholt haben, fahren wir mit dem Bus zum Flughafen. In der Abflughalle fängt für mich dann erst mal die Arbeit an, denn jetzt muss ich meine Karre flugbereit machen. Ich montiere die Räder ab, stecke die beiden Deichseln zusammen und befestige sie mit Gummibändern am Trageteil. Dieses Paket stecke ich dann in die mitgebrachten Säcke und fixiere alles mit Powerband. Ganz zufrieden bin ich allerdings nicht mit meiner Aktion. Ich lasse mein Karrenpaket deshalb vorsichtshalber noch an einer entsprechenden Maschine einpacken. Mit diesem Paket geht's dann zum Eincheckschalter, doch dort will man es zuerst nicht annehmen, es sei zu breit, erklärt man mir. Zu meinem Glück nimmt ein anderer Angestellter es nicht so genau und hebt dann doch den Daumen. Erleichtert schaue ich meiner Karre hinterher, wie sie im Tunnel des Gepäckbandes verschwindet.

Als ich später im Flieger sitze, treibt mich die Sorge um meine Karre jedoch noch weiter um. Ob sie auch mit mir in Düsseldorf landen wird? Schließlich muss ich in Madrid einmal umsteigen ... Es ist kein Wolfgang da, der mich ablenken könnte, denn wegen der unterschiedlichen Eincheckzeiten haben wir weit auseinanderliegende Plätze.

Als ich mit einer Stunde Verspätung den Düsseldorfer Flughafen betrete, habe ich Wolfgang völlig aus den Augen verloren. Bestimmt sehen wir uns am Gepäckband. Gespannt starre ich auf das dunkle Loch aus dem die Gepäckstücke gleich herausgleiten werden. Ob auch meine Karre mit nach Düsseldorf gekommen ist? Als das Band anfängt zu laufen und das erste Gepäckstück ausspuckt, kann ich es zuerst nicht glauben. Es ist meine Karre! Jetzt habe ich nur noch einen Gedanken. Draußen warten meine Lieben, ich will endlich meine bessere Hälfte wiedersehen. Ich schnappe mir meine eingepackte Karre und stürme zum Ausgang. Und da sehe ich mein Empfangskomitee, mein Sohn mit Freundin und meine Frau. Sie hält sogar ein Schild empor, auf dem zwei Jakobsmuscheln kleben und „Herzlich Willkommen Pilger 60" steht (Pilger 60 ist mein Nick Name als Geocacher). Nur noch ein paar Schritte, schon halte ich sie im Arm und wieder einmal fließen bei mir die Tränen.

Ich habe es geschafft!!!!!

Mein Fazit

Im Sauerland gibt es schönere Wanderwege, die über Stock und Stein führen und immer wieder abwechslungsreiche Aussichten bieten. Auf dem Jakobsweg muss man oft stundenlang längs einer Straße oder über eine Ebene gehen, links und rechts nur rotbraune Felder oder grüne Wiesen, kein Baum, kein Strauch, an dem sich das Auge festhalten kann. Aber dies sind wohl die Herausforderungen und der Geist des Jakobsweges, sich nur Schritt für Schritt und auch mal quälend seinem Ziel, Santiago de Compostela zu nähern. Das Besondere und Einmalige des Jakobsweges sind die Menschen, denen ich auf meiner Pilgertour begegnet bin. Teilweise sind es nur kurze Begegnungen, es können aber auch langfristige Freundschaften entstehen. Ob jung oder alt (Ich bin auch einem Paar begegnet, das ihre beiden Kinder in Kiepen auf den Jakobsweg mitnahmen), ob Frau oder Mann, ob mit oder ohne Behinderung und aus allen Ländern der Erde kommend (Europäer, Nord- und Südamerikaner, Australier, Afrikaner oder Asiaten). Aus all diesen Kontinenten bin ich jemandem begegnet. Sie alle hat ein Gedanke vereint. „Ich möchte über den Jakobsweg nach Santiago de Compostela pilgern!"

Es war eine in jeder Hinsicht bereichernde Erfahrung, die ich jedem nur ans Herz legen kann. Auf seine Art und Weise kann das sicher jeder schaffen, wenn er/sie es nur will.

Diese Wochen waren für mich manchmal sehr anstrengend und herausfordernd, aber auf der anderen Seite war es auch eine fantastische Zeit, die ich niemals vergessen werde.

Und wem habe ich das zu verdanken? Meiner Familie, meiner Frau, die stets an mich geglaubt und mich immer wieder aufgemuntert hat, wenn es mir wieder einmal nicht so gut ging. Ihre Worte: „Du schaffst das!", haben mich bis nach Santiago de Compostela getragen.

Danke und nochmals Danke, und für alle ein von Herzen kommendes

„Buen Camino!"

Am 19.November 2019 habe ich einen exotischen Pilgerort besucht, der ebenfalls einige körperliche Herausforderungen an einen stellt, den Adam's Peak.

Der 2243 Meter hohe Adam's Peak ist nicht die höchste Erhebung von Sri Lanka, aber wohl der markanteste, der im indischen Ozean vor der Südspitze Indiens gelegenen Insel. Eine mächtige schroffe Pyramide, die über der sonst lieblichen Landschaft des zentralen Hochlandes ragt.

Der Adam's Peak, auch Siri Pada genannt, wird von den Anhängern fast sämtlicher Weltreligionen als heilig verehrt und ist daher ein bedeutender Pilgerort. Muslime glauben, dass Adam nach der Verbannung aus dem Paradies hier auf dem Gipfel fast 1000 Jahre in asketischer Meditation gelebt hat. Buddha soll bei seinem dritten Besuch der Insel einen Fußabdruck auf dem Gipfel hinterlassen haben. Tatsächlich ist in Gipfelnähe eine 1,50 Meter lange und 60 Zentimeter breite merkwürdige Vertiefung in einem Stein zu erkennen, die als Sri Pada (heiliger Fußabdruck) gedeutet wird. Für die Hindus war es dagegen der Gott Shiva, der seinen Fußabdruck hier hinterlassen hat. Die Christen sehen in der Vertiefung den Fußabdruck des Apostels Thomas. Zu sehen bekommen die Gläubigen den Fußabdruck nur in der Hauptpilgerzeit, die sich vom Dezember-Vollmond bis zum Mai-Vollmond erstreckt. Dann kommen an einem Wochenende bis zu 30 000 Pilger. Zu allen anderen Zeiten verhindert ein hermetisch abgeschlossener Tempel auf dem kleinen Gipfelplateau den Zugang zum Heiligtum.

Die Besteigung des Gipfels stellt schon eine Herausforderung an Körper und Geist, denn man muss auf 1000 Höhenmetern ungefähr 5200 Stufen überwinden. Eine weitere Unwägbarkeit kann die

Witterung sein. Es kann bitterlich kalt werden, denn man startet seinen Gipfelangriff morgens um 2:30 Uhr, um rechtzeitig vor Sonnenaufgang dort oben zu stehen.

Von unserem Hotel in Dalhousie bin ich um 2:30 Uhr mit 5 anderen Mitreisenden aus meiner Reisegruppe gestartet, angeführt von unseren Reiseleiter Rainer. Jeder von uns ist entsprechend der Empfehlungen der Reiseliteratur ausgerüstet: Wanderschuhe, Rucksack, etwas zu trinken, Fleece Jacke und einer Stirnlampe bzw. Taschenlampe. Nur Rainer ist wie üblich bekleidet. Er hat sich wohl einen dünnen Fleece Pullover übergezogen, führt uns aber wie sonst auch, mit Flip-Flops an den Füßen und seiner Umhängetasche an.

Die ersten Schritte meines heutigen Pilgerweges fallen mir leicht. Es geht wohl immer bergauf, mal 3 bis 10 Stufen hintereinander, aber dann folgt ein befestigter, leicht aufsteigender Weg. So gehe ich meistens als Letzter unserer Gruppe (ich bin ja der Älteste) den Berg hinauf. Zwischendurch wartet man auf mich und muntert mich auf. Ich komme ins Schwitzen, weil ich doch zu dick angezogen bin und bei dem ersten Zwischenstopp ziehe ich mir das warme Unterhemd aus. Nach ca. der Hälfte des Weges wird es anstrengend. Jetzt folgt eine unendliche Treppe nach der anderen. Ich muss auch auf jeden einzelnen Schritt aufpassen. Erstens ist es ja dunkel, ich habe ja nur das Licht meiner Taschenlampe und fast jede einzelne Stufe hat eine andere Stufenhöhe. Teilweise sind die Treppen so steil, dass ich glaube ich stehe auf einer Leiter, denn ich kann die nächsten Stufen in Brusthöhe fast greifen. Zum Glück gibt es an den steilsten Treppen ein Geländer, so dass ich mich an diesem hochziehen kann. Es wird so langsam hell und ich kämpfe mich Stufe für Stufe hinauf. Ich habe nur noch meinen Blick für den Weg, so dass ich mein Ziel bald aus den Augen verloren habe. Da, auf einmal höre ich von oben einen Ruf.

Rainer feuert mich an: „Günter, du bist gleich oben! Du hast es geschafft!"

Diesen Satz kennst du doch! Ich bin so perplex und stehe etwas sprachlos hier oben auf dem Gipfel. und mir schießen immer wieder die Gedanken durch den Kopf: „Ich schaffe das! Ich habe es geschafft!

So stehe um 5:30 Uhr hier oben und bewundere erstmal den grandiosen Ausblick. Unter mir liegt die Hochebene, eingehüllt in Nebelbänke, aus denen andere Berggipfel herausragen. Zwischen Zeigerfinger und Daumen reibe ich meine Jakobsmuschel, die ich als Kette am Hals trage. Vor mir geht jetzt die Sonne auf und färbt den Horizont in gelb, rot, blau und violett, ein unglaublicher Anblick. Ist mein Pilgerweg, der mit der Erscheinung eines buddhistischen Mönches auf der Hohensyburg vor einigen Jahren begann, jetzt und heute endgültig beendet? Dieser Gedanke formt sich in meinem Kopf und ich kann mal wieder meine Tränen nicht zurückhalten.

Jetzt werden erstmal massenhaft Fotos geschossen, um diesen einmaligen Augenblick festzuhalten. Nach einer halben Stunde bittet uns Rainer, mit dem Abstieg zu beginnen. Dass für mich jetzt der herausforderndste Abschnitt meiner Wanderung beginnt, weiß ich in diesem Moment noch nicht. Nach 15 bis 20 Minuten fällt mir jedoch jeder Schritt schwerer und schwerer. Die Oberschenkel fangen an zu brennen. Ich mache immer wieder eine kurze Pause, um meine Muskulatur zu beruhigen. Ich bin froh, dass ich meinen Wanderstock dabei habe und stütze mich, wo ich kann, immer wieder am Geländer habe. Teilweise gehe ich rückwärts die Treppen hinab und werde von anderen Wanderern überholt. Den Zeitpunkt des Treffpunktes mit dem Rest meiner Reisegruppe werde ich wohl nicht einhalten können. Ich will jedoch keinen Sturz riskieren, deshalb bleibe ich bei meinem Tempo. Auf einmal sehe ich Maria (ein Mitglied unserer

Reisegruppe) auf mich zugehen und sie kündigt mir an, dass Christiane gleich auch kommen werde um mich abzuholen. Und dann steht sie auch vor mir, die Stütze meines Lebens, die ich jetzt besonders brauche. Das Zittern in den Oberschenkeln verschwindet und sie mobilisiert meine letzten Kräfte mit der Ankündigung, wenn ich die Straße unten erreiche, wartet ein Tuk Tuk auf uns und bringt uns zurück ins Hotel. Jetzt muntert mich Christiane immer wieder mit den Worten auf: „Hinter der nächsten Kurve ist die Straße, dann sind wir da!" Eigentlich sind das meine Worte; so scheuche ich Christiane bei unseren Wanderungen immer die Berge hinauf. Es dauert allerdings noch ein Weilchen, bis die Straße erreicht ist, denn hinter der nächsten Kurve warten weitere Stufen auf mich. Immer wieder Pausen einlegend quäle ich mich den Berg hinab. Dann endlich kann ich aufatmen. Vor mir steht Thussitha, einer der singalesischen Begleiter unserer Reisegruppe, und er hat auch schon ein Tuk Tuk organisiert. Nach einem 2-stündigen Abstieg muss ich einen Teil meines heutigen Pilgerweges wieder mal motorisiert zurücklegen.

Anhang

Etappen 2014

Et	Datum	Von bis	Km
1	Fr 06.06	Zuhause --- Gevelsberg (Ht. Alte Redaktion)	28,0
2	Sa 07.06.	Gevelsberg --- Remscheid-Lennep (Berliner Hof)	24,5
3	So 08.06.	Remscheid-Lennep --- Altenberg (Hotel Altenberg)	25,5
4	Mo 09.06.	Altenberg --- Köln (A&O Hostel am Neumarkt)	22,0
5	Di 10.06.	Köln --- Brühl- Walberberg (GH Ruth)	21,5
6	Mi 11.06	Brühl- Walberberg --- Euskirchen (Ht. Regent)	24,0
7	Do 12.06.	Euskirchen --- Bad Münstereifel (JH Bad Müster.)	21,0
8	Fr 13.06.	Bad Münstereifel --- Blankenheim (H. Kölner Hof)	21,0
9	Sa 14.06.	Blankenheim --- Kronenburg (Villa Kronenburg)	23,0
10	So 15.06.	Kronenburg ---- Prüm (H. Zum goldenen Schwan)	25,0
11	Mo 16.06.	Prüm ---- Waxweiler (Hotel am Schwimmbad)	25,0
12	Di 17.06.	Waxweiler --- Mettendorf (Hotel im Fronhof)	28,0
13	Mi 18.06.	Mettendorf --- Echternach (Hotel Le Petit Poete)	26,0
14	Do 19.06.	Echternach --- Welschbillig (Gh Dahm)	11,0
15	Fr 20.06.	Welschbillig --- Trier	Bus

Etappen 2015

Et	Datum	Von bis	Km
	Do 09.04	Anreise mit dem Zug über Köln nach Trier	
1	Fr 10.04	Trier --- Mannebach (Mannebacher Landhotel)	22,6
2	Sa 11.04.	Mannebach --- Perl (Perler Hof)	27,3
3	So 12.04..	Perl --- Kédange-sur-Canner (Logis Hôtel de la Canner)	28,4
4	Mo 13.04.	Kédange-sur-Canner --- Metz (Jugendherberge)	35,7
5	Di 14.04	Metz	0,0
6	Mi 15.04.	Metz --- Pont-á-Mousson (Hotel Europeen)	33,0
	Do 16.04.	Rückfahrt nach Hause	

Etappen 2018

Et.	Datum	Von bis	km
	Mo16.04.	Anreise mit dem Zug: Dortmund - Paris – Bayonne -Saint-Jean-Pied-de-Port	
1	Di 17.04.	Saint-Jean-Pied-de-Port ---- Roncesvalles	26,6
2	Mi 18.04.	Roncesvalles --- Larrasoana	26,1
3	Do 19.04.	Larrasoana --- Pamplona	14,6
4	Fr 20.04.	Pamplona --- Maneru	32,1
5	Sa 21.04.	Maneru --- Villamayor de Monjardin	27,4
6	So 22.04.	Villamayor de Monjardin --- Viana	31,5
7	Mo 23.04.	Viana --- Ventosa	29,8
8	Di 24.04	Ventosa --- Santo Domingo de la Calzada	33,1
9	Mi 25.04	Santo Domingo de la Calzada --- Tosantos	27,9
10	Do 26.04.	Tusantos --- Ages	24,0
11	Fr 27.04.	Ages --- Burgos	23,3
12	Sa 28.04.	Burgos --- Hontanas	32,8
13	So 29.04.	Hontanas --- Boadilla del Camino	30,1
14	Mo 30.04.	Boadilla del Camino --- Carrion de los Condes	25,6
15	Di 01.05.	Carrion de los Condes --- Ledigos	24,6
16	Mi 02.05.	Ledigos --- Bercianos del Real Camino	27,5

17	Do 03.05.	Bercianos del Real Camino --- Mansilla de las Mulas	26,9
18	Fr 04.05.	Mansilla de las Mulas --- Leon	18,6
19	Sa 05.05.	Leon --- Villar de Mazarife	21,5
20	So 06.05.	Villar de Mazarife --- Astorga	32,5
21	Mo 07.05.	Astorga --- Foncebadon	26,8
22	Di 08.05.	Foncebadon --- Molinaseca	20,1
23	Mi 09.05.	Molinaseca --- Cacabelos	23,1
24	Do 10.05.	Cacabelos --- Trabadelo	19,0
25	Fr 11.05.	Trabadelo --- Laguna de Castilla	17,0
26	Sa 12.05.	Laguna de Castilla --- Triacastela	24,7
27	So 13.05.	Triacastela --- Sarria	25,5
28	Mo 14.05.	Sarria ---- Mercadoiro	17,7
29	Di 15.05.	Mercadoiro --- Gonzar	13,7
30	Mi 16.05.	Gonzar --- Palas de Rei	16,0
31	Do 17.05.	Palas de Rei --- Melide	15,0
32	Fr 18.05.	Melide --- Arzua	14,2
33	Sa 19.05.	Arzua --- Pedrouzo	20,0
34	So 20.05.	Pedrouzo --- San Marco	16,5
35	Mo 21.05.	San Marco --- Santiago de Compostela	5,0
36	Di 22.05.	Santiago de Compostela	0,0
37	Mi 23.05.	Santiago de Compostela	
38	Do 24.05.	Rückflug über Madrid nach Düsseldorf